Tony Hawks is a writer and comedian making regular contributions on TV (*Have I Got News For You, If I Ruled the World*) and on radio (*Just A Minute, I'm Sorry I Haven't A Clue* and *The Newsquiz*). This is his second book. If you have not already done so, he strongly urges you to purchase his first – *Round Ireland With a Fridge* – a surreal adventure prompted by a £100 bet.

Unlike most authors, Tony has singularly failed to settle down and live in the country with a wife and four children. This, however, is his ambition.

Universale Economica Feltrinelli

# SIBILLA ALERAMO
# UNA DONNA

**Prefazione di Maria Corti**

Feltrinelli

© Giangiacomo Feltrinelli Editore Milano
Prima edizione nell'"Universale Economica" novembre 1950
Trentaquattresima edizione marzo 1999

ISBN 88-07-81036-0

te nell'ultimo decennio dell'Ottocento e ai primi del Novecento siano stati rischi personali dà un sapore di verità al libro senza affatto farlo scadere a cronaca. La Aleramo, lasciando a certe pagine del romanzo il tono efficace del libro della memoria, ha fatto delle vicende autobiografiche non freddi documenti di una causa, ma prove di qualcosa. Fra gli esempi del recupero memoriale si possono porre: i trasferimenti del padre, l'attività di lavoro della figlia nella fabbrica del padre, le crisi depressive della madre, la violenza fisica, ma non amorosa, subita dalla ragazza da parte di un impiegato della fabbrica e il conseguente matrimonio, l'aborto, la nascita di un figlio, l'abbandono finale di marito e figlio per un bisogno etico di rinnovamento. Insomma, la struttura del romanzo è autobiografica; lo sono certi personaggi (padre, madre, marito, figlio, il profeta ecc.) e il gioco combinatorio delle loro principali azioni; lo è l'aspirazione della protagonista a scrivere, a entrare nel mondo della cultura e della riflessione sociale. Però se molti sono gli elementi autobiografici, il libro non può dirsi come genere letterario un'autobiografia, ma è un vero romanzo. Dove sta allora il divario?

Direi proprio a livello di scrittura, cioè di distacco dalla referenza; l'Aleramo è stata capace, e come si sa il primo nucleo del romanzo risale al 1901 mentre la stampa è del 1906, di distanziare la propria vita e cosí trasformare sé e i familiari in personaggi autonomi. Secondariamente, un ben articolato rapporto fra diegesi e mimesi, cioè fra rappresentazione dei fatti e descrizioni di cose e persone ha contribuito a dare la misura romanzesca al libro. Si aggiunge anche qualche flash-back a favorire con il rovesciamento della fabula o ordine referenziale la fisionomia romanzesca del libro.

E lo stile? I modelli? Il discorso qui sarebbe lungo, soprattutto perché implicherebbe un esame, impossibile in questa sede, dei rapporti fra l'attività giornalistica della Aleramo e quella di scrittrice. Poi vi sono le sue letture alle quali già ha fatto cenno Emilio Cecchi nella Prefazione del libro ristampato nel 1950, cioè testi anglosassoni sull'emancipazione della donna e romanzi europei vari oltre agli articoli delle riviste femministe, fra cui non possiamo non ricordare La donna che certo ha agito nel subconscio della Aleramo al momento di dare titolo al suo testo. Lo stile del romanzo è per i suoi tempi vivo e moderno sul piano sintattico, mantiene alcune ingenuità (ma era un'opera prima!) a livello lessicale e soprattutto dell'aggettivazione. Forse l'autrice non ha ancora raggiunta la coscienza di un'unità stilistica: a un italiano abbastanza colloquiale si affiancano espressioni alquanto auliche in un contesto di inversioni di pretta tradizione culta; per esempio: "si palesavano come un eccesso spasmodico di cui ella stessa aveva coscienza, nell'atto, e rimorso". Molti gli incisi e le interrogative retoriche, che conferiscono a volte alla pagina qualcosa di enfatico.

Per concludere sul livello primo o autobiografico-narrativo del libro, un pregio va messo subito in rilievo: quest'opera ha forse espresso un numero di cose maggiore di quello che fosse nelle intenzioni dell'autrice, il che è spesso tipico dei buoni libri. Ma con questo rilievo stiamo già slittando verso un'altra lettura del libro, quella che lo vede non più come autobiografia, ma come specchio, riflesso di una realtà sociale osservata con occhio attento. È cioè impossibile separare lo sguardo autobiografico da quello sociale in quanto attraverso la descrizione di quanto accade ai membri di un nucleo familiare l'autrice metta a fuoco buona parte dei problemi della società italiana a cavallo dei due secoli. È giunto il momento di segnalare alcuni temi o motivi o macrosegni che la Aleramo ha prelevato da un panorama sociale per inserirli e collegarli fra loro dentro il suo libro. Uno dei

*temi piú importanti è quello della solitudine della prota-
gonista, dovuta alla incomprensione delle sue aspirazioni
alla libertà intellettuale: solitudine all'interno della famiglia, dove nessuno suppone e quindi men che meno
capisce il suo bisogno di fare chiarezza su termini come
"coscienza", "progresso sociale", "verità" ecc. Il senso della solitudine è l'altra faccia del bisogno di evadere, di
trovare la propria indipendenza. Lo sviluppo in tutto il
corso del romanzo di questo tema è assai originale nella
Aleramo, molto piú della dichiarata professione di femminismo; qui l'autrice raggiunge gli esiti migliori, qui
mette veramente a fuoco l'isolamento morale della donna
in una società i cui codici culturali non contemplavano
questioni al di fuori della maternità, della educazione dei
figli, della condizione della famiglia.*

*Alla solitudine, che accompagna come un leit-motiv
tutto il libro, si affianca il tema della incomprensione
generazionale che è, per cosí dire, la punta di iceberg del
piú vasto tema della crisi dei rapporti familiari. Dice a
un certo punto la Aleramo: "Io leggevo nei libri vicende
d'amore e d'odio, osservavo simpatie e antipatie nella
gente del paese, credevo di sapere già molte cose sulla
vita, ma ero incapace di penetrare la dolorosa realtà della
mia casa". Ciò che non si capisce non lo si ama e ciò che
non si ama rimane distante. A questo punto la scrittrice
entra nel gioco delle motivazioni consce e inconsce della
crisi familiare, anzi delle crisi familiari; è chiaro che nel
libro si dà un esemplare di fallimento del nucleo che vale
didatticamente come sintomo e segnale di qualcosa che
nella borghesia italiana comincia a non funzionare piú.*

*Che cosa non funziona piú? Il modello sociale e
culturale su cui la famiglia per secoli si è retta: l'autorità
del capo famiglia è cosí fuori discussione che neppure
una personalità di spicco, come appare il padre della
protagonista, è in grado di rendersene conto e corregge il
tiro a tempo perché la moglie non diventi semifolle e la*

*figlia non commetta un errore irreparabile. È sintomatico, fra l'altro, e non so fino a che punto la cosa sia stata cosciente nell'autrice, che la reazione materna e filiale è nella sostanza, più che nelle forme, antitetica: sottomissione atavica, ben codificata dalla tradizione, nella madre; ribellione attraverso uno sbaglio, un gesto falso nella generazione successiva femminile, rappresentata dalla figlia. Le cose della società cominciano a muoversi, dunque; la fanciulla esce dalla sfera di influenza dell'adorato padre.*

*Al triangolo psicologico, su cui si regge la prima parte del romanzo, è aggiunto il tocco della specularità di un'altra famiglia, quella del futuro marito, che non può entrare in crisi perché il suo modello è ancora più arcaico, primitivo, proprio della secolare civiltà popolare e contadina: "Ma ciò che mi faceva invece sentire una specie di fascino in quell'ambiente grossolano era il senso della tradizione, era l'ossequio al costume, era la volontà tenace che incitava quella gente, in certe ore, ad esaltare il vincolo del loro sangue e del loro nome e della loro terra".*

*Le due famiglie si configurano le due facce dell'Italia a cavallo fra Ottocento e Novecento nel Nord e nel Sud; a questo punto la Aleramo ha passato il confine fra romanzo autobiografico e romanzo sociale, ha condotto il lettore dal microcosmo della protagonista al macrocosmo di un paese d'Europa così pieno di contraddizioni. Tipiche le affermazioni: "Avrei voluto interessarmi alle vicende paesane: ma ero priva ormai di ogni contatto con gli operai, i pescatori, i contadini, e in quanto all'elemento borghese, esso mi appariva più volgare ancora di quel che avevo supposto". Il panorama si sta allargando: dal problema dei nuclei familiari si passa a quello delle classi sociali, che interesserà l'autrice tutta la sua vita.*

*Ma oltre che genericamente romanzo sociale, il libro può anche essere definito romanzo femminista, aspetto* che è stato subito colto nel 1906 alla sua apparizione ed ha contribuito in modo determinante all'eccezionale successo del libro, fra l'altro recensito da personalità della cultura come Graf, Ojetti, Panzini, Pirandello, Bontempelli. Scrive a questo proposito Alba Morino nella "Cronologia" aggiunta al volume della Aleramo Un amore insolito. Diario 1940-1944 (Feltrinelli 1979): "Acclamato, insieme a Casa di bambola di Ibsen, come la bibbia del femminismo, sarà raccomandato da Anatole France a Calmann-Lévy, che lo pubblicherà in Francia nel 1908, tradotto da Pierre Paul Plan. Nel 1909 sarà pubblicato in Germania con prefazione di Georg Brandès, poi tradotto in inglese, russo, spagnolo, svedese, polacco".

In quanto romanzo femminista, Una donna è passibile di due letture, quella storica e l'altra, la nostra contemporanea; già questo significa che il libro è andato al di là della sua forza documentaria e del suo compito pragmatico. Sul piano di una lettura storica il libro va senza dubbio definito un libro "nuovo", scritto nel tempo in cui l'emancipazione femminile è questione non solo attualissima, ma di cui si stanno ancora discutendo le forme, le fasi, le ideologie, laica e cattolica. Solo gli storici sono in grado di non dire le solite frasi generiche e di approfondire, per esempio, quanto semplicemente enunciato da Maria Antonietta Macciocchi nella Prefazione a Una donna (edizione Universale Feltrinelli del 1973): "la ribellione, sia pure con la forza che può avere l'intuito di una veggente si intreccia in Una donna più strettamente ai motivi dell'emancipazione socialista, ai temi teorici che dominarono il Manifesto e l'Origine della famiglia". Delegando agli storici lo studio delle componenti socio-culturali di allora, due aspetti dell'opera meritano riflessioni e postille in chiave di decodifica contemporanea.

Il primo si incentra sulla nozione di risveglio di sé da

parte della donna nella società del proprio tempo, nozione che non solo è ancora attuale ma trae le sue radici da atteggiamenti e riflessioni che sono del tempo del libro e in esso specchiati; dice a un certo punto la protagonista: *"come una stanchezza morale si sovrapponeva a quella fisica, lo scontento di me stessa, il rimprovero della parte migliore di me che avevo trascurata, di quel mio io profondo e sincero, cosí a lungo represso, mascherato".* Di molto moderno c'è qui l'aspirazione a creare un automodello esistenziale che per ora si esprime come litote; voglio dire, si esprime piú per quello che si rifiuta che per quello che si propone in cambio. Assai perspicua la Aleramo là dove fa capire che il risvolto positivo, la vera costruzione del nuovo modello sociale sta in una partecipazione ideale alla costruzione di un mondo che sia diverso non solo per le donne, ma anche per gli uomini; in altre parole, la questione femminile non ha soluzioni unilaterali, è problema di rapporti reciproci all'interno dell'umanità. Donde l'importanza, modernissima, che la scrittrice dà alla cultura delle donne *("trovai in un libro una causa di salvezza"* dirà la protagonista). La cultura è strumento necessario per individuare il proprio destino; se mai, una differenza fra la situazione di allora e l'odierna è il calo di drammaticità referenziale *("avevo provato subito una simpatia irresistibile per quelle creature esasperate che protestavano in nome della dignità di tutte sino a recidere in sé i piú profondi istinti, l'amore, la maternità, la grazia")* a favore di una razionalità piú rigorosa e sottile, frutto per l'appunto di cultura, che tende verso soluzioni di equilibrio sociale. La Aleramo non può giungere fino a questo, i tempi del femminismo maturano un poco alla volta come tutti i tempi della vita umana; però c'è in questo libro una visione universale dell'amore, quello che l'autrice chiama la *"fede nell'amore"* verso l'umanità come molla etica di trasformazione vera del mondo e che resterà in lei per tutta la vita.

*In definitiva si può dire che* Una donna *data il romanzo femminista italiano: è un libro che ha delle ingenuità, ma è percorso da una vena etico-lirica che conquista. Mentre i libri delle femministe d'oggi, proprio perchè più razionali, danno spesso una sensazione di sazietà al lettore che si sente oggetto di una funzione didattica e rozzamente ideologizzata, messa in luce da uno stile femminista da prime della classe, la Aleramo, non avendo mai perso quelle che sono le qualità positive della donna, ha scelto di istinto una via attraversata anche da fantasmi della narrazione, affidando proprio ad essi il suo messaggio.*

*Il secondo aspetto per cui il libro è passibile di una lettura modernissima sta nella rete di rapporti psicologici tesa dall'autrice, così intensi e spesso irrazionali da tentare oggi coloro che prediligono una interpretazione psicanalitica della narrativa, e soprattutto di quella autobiografica; già lo aveva visto Cecchi nella sua sottile Prefazione. Ma la specola psicanalitica, analogamente a quella strettamente storica, richiedono un'analisi che in questa sede possiamo solo augurarci abbia luogo in futuro.*

*Per concludere,* Una donna *è un libro che postula una lettura a diversi gradini, a vari livelli che si illuminano a vicenda e, caso curioso, illuminano anche la vita posteriore al libro vissuta dalla Aleramo; in qualche modo questo libro è nei suoi riguardi profetico: spesso la protagonista formula desideri che l'autrice più tardi realizzerà in proprio. In una nota dell'8 gennaio 1955 del Diario, scritta a settantanove anni, la Aleramo si domanda se un giorno i critici saranno nei suoi confronti più avveduti; ora diventerà possibile esserlo anche per merito di Alba Morino, dei suoi scavi sul materiale inedito e delle pubblicazioni curate con tanta intelligenza. Il libro* Una donna *andrà così indagato criticamente alla luce degli scritti ad esso posteriori; si vedrà allora che fra le costanti della Aleramo vanno situate la presenza memo-*

riale e l'insistenza del flash-back; a livello autobiografico si illuminerà la massa di stimoli venuti alla scrittrice dalle sue scelte vitali, che furono spesso le piú impratiche e le piú inverosimili se considerate dal punto di vista pratico: i "mesi favolosi col poeta come lei stessa definisce la relazione con Campana, i tanti amanti poveri, ohimè, spesso poverissimi, la scelta a sessant'anni di un compagno ventenne. Ebbene, questa stupenda peregrinazione fra gli errori già inizia in Una donna con il matrimonio, cosí inquietante prima ancora che socialmente si attui. Solo alla fine della vita, come il Diario testimonia, Sibilla Aleramo si è scoperta libera dal pericolo di errare, di vivere come se fosse possibile ciò che è impossibile; entro le pagine del Diario si sente la letizia della scoperta nel grido "nessun uomo in particolare amo, ma l'umanità tutta quanta nel suo presente e nel suo divenire". È come se un cerchio con armonia si chiudesse: dal femminismo della prima gioventú, mai tradito, all'impegno politico nelle file del partito comunista a tarda età. Una volta entrata in scena, Sibilla Aleramo rompe tutti i ponti con la piccola vita borghese che l'attendeva; la stampa di Una donna è la sua dichiarazione di guerra.

Maria Corti

# Parte prima

## I

La mia fanciullezza fu libera e gagliarda. Risuscitarla nel ricordo, farla riscintillare dinanzi alla mia coscienza, è un vano sforzo. Rivedo la bambina ch'io ero a sei, a dieci anni, ma come se l'avessi sognata. Un sogno bello, che il menomo richiamo della realtà presente può far dileguare. Una musica, fors'anche: un'armonia delicata e vibrante, e una luce che l'avvolge, e la gioia ancora grande nel ricordo.

Per tanto tempo, nell'epoca buia della mia vita, ho guardato a quella mia alba come a qualcosa di perfetto, come alla vera felicità. Ora, cogli occhi meno ansiosi, distinguo anche ne' primissimi anni qualche ombra vaga e sento che già da bimba non dovetti mai credermi interamente felice. Non mai disgraziata, neppure; libera e forte, sí, questo dovevo sentirlo. Ero la figliola maggiore, esercitavo senza timori la mia prepotenza sulle due sorelline e sul fratello: mio padre dimostrava di preferirmi, e capivo il suo proposito di crescermi sempre migliore. Io avevo salute, grazia, intelligenza — mi si diceva — e giocattoli, dolci, libri, e un pezzetto di giardino mio. La mamma non si opponeva mai a' miei desideri. Perfino le amiche mi erano soggette spontaneamente.

L'amore per mio padre mi dominava unico. Alla mamma volevo bene, ma per il babbo avevo un'adorazione illimitata; e di questa differenza mi rendevo conto, senza osar di cercarne le cause. Era lui il luminoso esemplare per la mia piccola individualità, lui che mi rappresentava la bellezza della vita: un istinto mi faceva ritenere provvidenziale il suo fascino. Nessuno gli somigliava: egli sapeva tutto e aveva sempre ragione. Accanto a lui, la mia mano nella sua per ore e ore, noi due soli camminando per la città o fuori le mura, mi sentivo lieve, come al di sopra di tutto. Egli mi parlava dei nonni, morti poco dopo la mia nascita, della sua infanzia, delle sue imprese fanciullesche meravigliose, e dei soldati francesi ch'egli, a otto anni, aveva visto arrivare nella sua Torino, "quando l'Italia non c'era ancora." Un tale passato aveva del fantastico. Ed egli m'era accanto, con l'alta figura snella, dai movimenti rapidi, la testa fiera ed eretta, il sorriso trionfante di giovinezza. In quei momenti il domani mi appariva pieno di promesse avventurose.

Il babbo dirigeva i miei studi e le mie letture, senza esigere da me molti sforzi. Le maestre, quando venivano a trovarci a casa, lo ascoltavano con meraviglia e talvolta, mi pareva, con profonda deferenza. A scuola ero tra le prime, e spesso avevo il dubbio d'avere un privilegio. Sin dalle classi inferiori, notando la differenza dei vestiti e delle refezioni, m'ero potuto formare un concetto di quel che dovevano essere molte famiglie delle mie compagne: famiglie d'operai gravate dalla fatica, o di bottegai grossolani. Rientrando in casa guardavo sull'uscio la targhetta lucente ove il nome di mio padre era preceduto da un titolo. Non avevo che cinque anni allorché il babbo, che insegnava scienze nella cittaduzza ov'ero nata, s'era dimesso in un giorno d'irritazione e s'era unito con un cognato di Milano, proprietario d'una grossa casa commerciale. Io capivo che egli non doveva sentirsi troppo contento della sua nuova situazione. Quando lo vedevo, in qualche pomeriggio libero, entrare nello stanzino ov'erano raccolti un poco in disordine alcuni apparecchi per esperienze di fisica e di chimica, comprendevo che là soltanto si trovava a suo agio. E quante cose mi avrebbe insegnato il babbo!

Senz'essere impaziente, la mia curiosità dava un sapore acuto all'esistenza. Non m'annoiavo mai. Spesso rifiutavo d'accompagnar la mamma a qualche visita e restavo a casa, sprofondata in un gran seggiolone, a leggere i libri piú disparati, sovente incomprensibili per me, ma dei quali alcuni mi procuravano una specie d'ebbrezza dell'immaginazione e mi astraevano completamente da me stessa. Se m'interrompevo, era per formular pensieri confusi; e lo facevo talora a voce sommessa, come scandendo dei versi che una voce interiore mi suggerisse. Arrossivo; come arrossivo di certe pose languide che assumevo nella stessa poltrona, quando mi accadeva per un attimo di trasportarmi colla fantasia nei panni d'una bella dama piena di seduzioni. Potevo distinguere tra affettazione e spontaneità? Mio padre giudicava con una indifferenza un poco sprezzante ogni manifestazione di pura poesia: diceva di non capirla: la mamma, sí, ripeteva ogni tanto qualche strofa carezzevole e nostalgica, o modulava colla voce appassionata spunti di vecchie romanze; ma sempre quando il babbo non c'era. E sempre io ero disposta a credere che mio padre avesse ragione piú di lei.

Ciò anche quando egli prorompeva in una di quelle crisi di collera che ci facevan tremar tutti e mi piombavano in uno stato d'angoscia, rapido, ma indicibile. La mamma reprimeva le lagrime, si rifugiava in camera. Sovente, dinanzi al babbo, ella aveva un'espressione umiliata, leggermente sbigottita: e non solo per me, ma anche pei bambini, tutta l'idea d'autorità si concentrava nella persona paterna.

Diverbi gravi tuttavia non avvenivano fra loro due in nostra presenza: qualche parola acre, qualche rimprovero secco, qualche recisa ingiunzione; al piú il babbo si abbandonava al proprio temperamento di fuoco per qualche disavvedutezza delle persone di servizio, per qualche capriccio nostro: ma di tutto appariva responsabile la mamma, che reclinava il capo come se fosse colpita all'improvviso da una grande stanchezza, o sorrideva, d'un certo sorriso che non potevo sostenere, perché deformava la bella bocca rassegnata.

Si rivolgeva ella in quel punto a visioni del passato?

Non rievocava quasi mai davanti a me la sua fanciullezza, la sua gioventú; dal poco che avevo sentito, però, avevo potuto formarmene una visione assai meno interessante di quella suscitata dai ricordi di mio padre. Ella era nata in un ambiente modestissimo d'impiegati, e, come la mia nonna paterna, sua madre aveva avuto molti figliuoli, di cui la maggior parte viveva sparsa pel mondo. Doveva esser cresciuta fra le strettezze, poco amata. Cenerentola della casa. A vent'anni, ad una festicciuola da ballo, s'era incontrata col babbo. Ella mi mostrava il ritratto del giovinetto imberbe che mio padre era stato allora: fattezze ancor da fanciullo, dolci, regolari, fra cui gli occhi soli esprimevano già un'energia ferrea: egli faceva il penultimo anno di Università. Appena prese la laurea, aveva ottenuto una cattedra e s'erano sposati.

Quand'io ero nata, l'anno non era ancor compiuto dal dí delle nozze. La mamma s'illuminava nel volto bianco e puro le rarissime volte che accennava alle due stanzine coi mobili a nolo dei primi mesi di vita coniugale. Perché non era sempre cosí animata? Perché era cosí facile al pianto, mentre mio padre non poteva sopportare la vista delle lacrime, e perché mostrava opinioni diverse tanto spesso da quelle di lui, quando osava esprimerle? Perché, anche, era cosí poco temuta da noi bambini, e cosí poco ubbidita? Come il babbo, anch'ella cedeva talvolta a momenti di collera; ma sembrava, allora, che rompesse in un singhiozzo troppo a lungo frenato... Io avevo la sensazione che lo sfogo, anche eccessivo, di mio padre, fosse naturale sempre, inerente al suo temperamento; nella mamma invece gli scoppi di malumore contro i figliuoli o le cameriere contrastavano dolorosamente colla sua natura dolce; si palesavano come un eccesso spasmodico di cui ella stessa aveva coscienza, nell'atto, e rimorso.

Quante volte ho visto brillare per una lagrima rattenuta i begli occhi profondi e bruni di mia madre! Saliva in me un disagio invincibile, che non era pietà, non era dolore neppure, e neppure reale umiliazione, ma piuttosto un oscuro rancore contro l'impossibilità di reagire, di far che non avvenisse ciò che avveniva. Che cosa? Non sapevo bene. Verso gli otto anni avevo come lo strano timore di non possedere una mamma "vera," una di quelle mamme, dicevano i miei libri di lettura, che versano sulle figliuolette, col loro amore, una gioia ineffabile, la certezza della protezione costante. Due, tre anni dopo, a questo timore succedeva in me la coscienza di non riuscire ad amar mia madre come il mio cuore avrebbe desiderato. Era questo, certo, che m'impediva d'indovinare la vera cagione per cui nella nostra casa si proiettava, perenne, un'ombra indefinibile ad impedire cosí spesso la libera fioritura del sorriso. Oh, poter gettarmi una volta al suo collo con abbandono assoluto, sentirmi capita da lei, anche prometterle il mio appoggio per quando sarei grande; stringere un patto di tenerezza, come avevo fatto tacitamente col babbo da tempo immemorabile!

Ella mi ammirava in silenzio, riportando su me un poco dell'orgoglio già provato per la balda energia dello sposo; ma non approvava il metodo d'educazione a cui mi assoggettavo con tanto fervore; temeva per me, immaginando certo che io crescessi senza sentimento, ch'io fossi destinata a vivere col solo cervello; e non aveva il coraggio di contrastare l'opera del babbo.

Ma neppure il babbo cercava di conoscermi per intero. Certe volte mi sentivo proprio sola. M'avvolgeva allora uno di quegli stupori meditativi che costituivano il secreto valore della mia esistenza.

Spuntava il pudore dell'anima. Accanto, parallela alla vita esteriore, una vita occulta a tutti si approfondiva. Ed io avvertivo questo dualismo. Fin dal primo anno di scuola mi aveva preoccupata il fatto di due diversi aspetti del mio essere: a scuola tutti mi trovavano angelica, ed io buona ed esemplare infatti, col visino tranquillo ove errava sempre un sorriso timido e vivido insieme; appena fuori, nella strada, sembrava ch'io aprissi tutta l'aria intorno, mi mettevo a saltare, a parlare a vanvera, e in casa entrava con me il terremoto: i fratellini cessavano dai loro giuochi placidi, pronti a' miei cenni d'autocrate ostinata.

Sopraggiunta l'ora di preparar còmpiti e lezioni, mi ritiravo nella mia stanzetta o in un angolo del giardino, e di nuovo non esistevo più per gli altri, di nuovo afferrata dal gusto dell'applicazione intellettuale, pur senza alcuna brama di emular compagne o di meritarmi premi. Poi, la sera, dopo che la mamma m'aveva fatto recitare nel nostro caro dialetto due parole di preghiera: "Signore, fatemi diventare grande e brava, a consolazione dei miei genitori" e m'aveva lasciata al buio nel letto ove mia sorella già dormiva, io provavo una sensazione di riposo, di benessere, non soltanto fisico, come se in quel momento, costretta all'oscurità, al silenzio e alla immobilità, fossi più libera che durante tutta la giornata.

Mi piaceva guardar nelle tenebre; non ne avevo paura, perché il babbo m'aveva assicurata sin da quando ero piccina che gli orchi e le streghe delle favole non sono mai esistiti, come non era mai esistito il "diavolo." Riandavo con la mente i piccoli casi del giorno: rivedevo il sorriso seduttore del babbo, un gesto di sconforto delle mani materne, riprovavo qualche stizza per certe goffaggini de' miei minori, mi soffermavo alquanto sulle prospettive del domani: esito d'esami, viaggetti, libri e giuochi nuovi, amiche e maestre da conquistare...

La mamma mi faceva pregare ogni sera. Pregare Dio...

Un giorno, facevo la seconda elementare, avevo udito rivolgere il titolo di "ebrea," sprezzantemente, ad una piccola compagna silenziosa e pallida che stava seduta nel banco accanto al mio. Ella era scoppiata in pianto, e la maestra saputo il perché, aveva pronunziato frasi severe. La cosa mi aveva riempito di stupore, poiché non sapevo nulla ancora di razze e di religioni diverse. Ma piú mi aveva colpito una parola della maestra: ella aveva detto che tutte le religioni portano l'uomo dinanzi a Dio, e che tutte perciò son degne di rispetto; che un solo essere suscita ribrezzo e insieme pietà, ed è l'*ateo*. Mio padre mi si era allora rizzato davanti alla mente: mio padre era ateo, io ne ero ben sicura; quella parola egli stesso l'aveva pronunciata talora; egli non andava mai in chiesa... Dunque mio padre, per la maestra, per le compagne, per tutta la gente, era una creatura disprezzabile?

Tre, quattro anni dopo, nel silenzio della mia stanzetta, io mi rivolgevo ancora questa stessa domanda. Ora il babbo mi parlava piú spesso di quella ch'egli riteneva una menzogna secolare, mi diceva che prima degli uomini vi erano sulla terra degli animali quasi simili a noi, che prima di essi e delle piante la terra era deserta, e che questa terra è nello spazio un piccolo punto come sembrano a noi le stelle nel cielo, e le stelle altrettanti mondi, forse viventi... Egli diceva queste cose straordinarie con tanta naturalezza, che io non potevo metterle in dubbio.

Tuttavia, egli non mi spiegava – né io ardivo mai domandarglielo – perché noi siamo in questo mondo. Da questo lato il catechismo della scuola era forse piú soddisfacente: Dio ci ha creati, Dio ci guarda dall'alto, Dio, se saremo buoni, ci farà andare in Paradiso... La vita non sarebbe che un passaggio.

Ma quanta importanza davano tutti a questo passaggio! Mi pareva che nessuno pensasse sul serio all'inferno, e che tutti invece avessero paura di farsi del male, d'ammalare, di morire. Per me, ero disposta a credere col babbo che l'inferno non esistesse: nessun angelo e nessun tentatore sentivo mai alle mie spalle: quand'ero savia, era perché lo volevo; quando avevo dei rimorsi, ero persuasa d'essere stata proprio io la colpevole. E allora...? Dal mattino alla sera la mamma, il babbo, le maestre, gli operai per la strada, tutti, insomma, anche i gran signori... chi guadagna soldi, chi li spende: si spende per mangiare; si mangia per non morire; e passano le settimane, i mesi, gli anni, e si muore, e io e i fratellini avremmo fatto lo stesso...

La cosa m'infastidiva. Il sonno stava per sopraggiungere, lo sentivo: l'indomani avrei ripreso l'inutile meditazione. Sapere, sapere! Nel dormiveglia mi si affollavano al cervello parole piene di mistero: "eternità," "progresso," "universo," "coscienza..." Danzavano all'orecchio e ne smarrivo perfino il suono. E ancora, rivedevo l'espressione compunta di qualche maestra, mi chiedevo se la mamma andava alla messa, la domenica, proprio per suo piacere o per qualche strano timor della gente, ricordavo la prima ed unica volta che avevo assistito ad una predica, nel mese di maggio, una sera in cui l'altare, in una grande chiesa, brillava fra i ceri ed i gigli. Dal pulpito il frate agitava un braccio con gesto ampio e la voce imperiosa discendeva sulla folla inginocchiata: raccontava dei miracoli d'un santo, e pareva che tutti gli credessero: alla fine, l'organo aveva incominciato a suonare, e dall'alto, invisibile, un coro, una pura onda d'argento, aveva intonato delle laudi... Sempre, a quel ricordo, qualcosa in me tremava come in quel punto: m'assaliva di repente la tristezza di non saper pregare né cantare, e piú acuto il senso della mia solitudine.

Poi tutto ciò dileguava. Perché dolermi? Ero piccola, ma non avrei voluto essere ingannata: dovevo crescere: avrei saputo, un giorno.

La sorellina, accanto a me, respirava tranquilla. Forse sognava una casa di cristallo per la sua bambola, una casa che io avevo promesso una volta, perché mi lasciasse maggiore spazio nel nostro letticciuolo. Non ero punto certa di poter soddisfare l'impegno! Mah... quando sarei grande! Allora avrei anche voluto piú bene alle bambine e al frayello, non li avrei piú fatti piangere; e avrei vista la mamma finalmente lieta...

Ora bisognava dormire. Avevo il capo un poco stanco. Desideravo per un momento di essere trasportata con un soffio su uno di quei pendii verdi che formavano la mia delizia, l'estate, in campagna. Suonavano da lontano, mi chiamavano tante campanelle...

## II

Un mattino io mi chiedevo che risoluzione si sarebbe presa circa il proseguimento dei miei studi, poi che avevo terminàta la quinta classe, quando il babbo rientrò in casa un'ora prima del consueto, seguíto dal fattorino dell'ufficio che portava una cassetta sulle spalle. Congedato l'uomo, mio padre mi alzò un istante fra le braccia fino al suo viso, poi mi posò, e alla mamma che l'interrogava collo sguardo ansioso, disse: "È finita... ho troncato tutto. Finalmente respiro!"

Da parecchio tempo i due soci si sopportavano a vicenda con sempre minor volontà. I due temperamenti opposti non riuscivano a conciliarsi, poiché l'uno provocava iniziative ardite, l'altro badava a stringere i freni. Il babbo d'altronde si annoiava in quella vita d'ufficio, metodica, che non gli dava neppure compensi materiali ragguardevoli. Un piccolo incidente aveva, quel mattino, provocato una scena vivace fra i due cognati, decisiva.

A trentasei anni mio padre si trovava a ricominciare la vita per la seconda volta, e ancora per la sua sete di emozioni nuove e di indipendenza.

Quel mattino stesso uscí con me a passeggiare lungamente: ho confusa la visione dell'immensa Piazza d'Armi che attraversammo sotto una leggera nebbia autunnale; il babbo parlava; quasi a sé stesso; io sentivo il mio piccolo essere esaltarsi tacitamente. L'America, l'Australia... Oh, se veramente il babbo ci portasse pel mondo! Egli accennava anche a probabilità meno avventurose: tornare all'insegnamento, impiantare qualche azienda; ma sempre fuori di Milano. La città che fino a quel giorno avevo amata, pur senza dirmelo, ora mi appariva insopportabile: chi sa quali altri incanti mi attendevano altrove! E mi sembrava d'essere all'improvviso cresciuta d'anni e d'importanza. Non mi prendeva il babbo forse a sua confidente? I progetti sul mio prossimo avvenire di studentella svaporavano. Forse avrei dovuto lavorare anch'io, aiutar la famiglia... Figgevo in viso a mio padre gli occhi, nei quali doveva correre una fiamma d'entusiasmo.

A casa, la mamma era invece come smarrita. Di che cosa temeva? Era giovane anch'ella, piú giovane del babbo; noi bambini eravamo tutti sani e forti... Anche il babbo certo avrebbe voluto vederla piú ardimentosa!

Ella non apparve sollevata neppure qualche settimana dopo, allorché un signore che voleva stabilire un'industria chimica in una cittaduzza del Mezzogiorno offrí la direzione dell'impresa a mio padre. Certo, questi osava molto accettando un genere di lavoro al quale era affatto nuovo. Ma il suo bel sorriso sicuro aveva sedotto il capitalista. Le condizioni dell'impiego erano ottime; il paese, laggiú, pieno di sole. Per qualche anno. Mio padre non amava guardare molto innanzi nell'avvenire. Pel momento si sentiva felice del rischio. E non curando i timori della mamma, decise la partenza per la primavera.

Sole, sole! Quanto sole abbagliante! Tutto scintillava, nel paese dove io giungevo: il mare era una grande fascia argentea, il cielo un infinito riso sul mio capo, un'infinita carezza azzurra allo sguardo che per la prima volta aveva la rivelazione della bellezza del mondo.

Che cos'erano i prati verdi della Brianza e del Piemonte, le valli e anche le Alpi intraviste ne' miei primi anni, e i dolci laghi ed i bei giardini, in confronto di quella campagna cosí soffusa di luce, di quello spazio senza limite sopra e dinanzi a me, di quell'ampio e portentoso respiro dell'acqua e dell'aria? Entrava ne' miei polmoni avidi tutta quella libera aria, quell'alito salso: io correvo sotto il sole lungo la spiaggia, affrontavo le onde sulla rena, e mi pareva ad ogni istante di essere per trasformarmi in uno dei grandi uccelli bianchi che radevano il mare e sparivano all'orizzonte. Non somigliavo loro?

Oh la perfetta letizia di quell'estate! Oh la mia bella adolescenza selvaggia!

Avevo dodici anni. Nel paese, che si decorava del nome di città, non esistevano scuole al disopra delle elementari. Un maestro chiamato a darmi lezione fu presto congedato perché incapace d'insegnarmi piú di quel che sapevo. Nelle ore calde del meriggio, sola nella stanzuccia della vasta casa, che avevo eletta a mio studio, gettavo, ma senza entusiasmo, qualche occhiata sui grossi manuali di fisica e di botanica e sulle 'grammatiche straniere datemi dal babbo; uscivo sull'alto balcone, guardavo giú nella piazza gli sfaccendati presso la farmacia o dinanzi al caffè, qualche contadina oppressa da pesi inverosimili, qualche ragazzo sudicio che inveiva contro qualche altro in un linguaggio sonoro ed incomprensibile. In fondo alla piazza il mare luceva. Due ore avanti il tramonto si disegnavano, lontane lontane, le vele delle paranze di ritorno dalla pesca: s'avvicinavano, si colorivano di rosso e di giallo, arrivavano una dietro l'altra, e il tumulto delle voci dei pescatori giungeva spesso fino a me; distinguevo il grido ritmico di quelli che traevano la barca alla riva.

Scendevo, mi recavo nel vasto recinto presso la strada ferrata, dove lo stabilimento andava sorgendo con rapidità sorprendente e dove il babbo passava quasi tutte le sue ore. Egli mi dava talvolta dei piccoli ordini che eseguivo trepidando, con scrupolosa esattezza. "Mi aiuterai anche piú tardi, quando tutto sarà sistemato; sarai la mia segretaria, vuoi?..." Lottava in me l'antica timidezza con un nuovissimo impulso di audacia indipendente. Forse il babbo voleva compensarmi dell'aver troncati gli studi. Una specie d'orgoglio anzi, inavvertito, mi penetrava, la vaga coscienza di prender contatto colla vita, d'aver dinanzi uno spettacolo, piú vario e piú interessante d'ogni libro.

Degli operai, de' bei contadini abbronzati che venivano dalla campagna ad offrirsi come manovali, delle ragazze, che salivano agili sui ponti di costruzione coi secchi di calce sul capo, mi sorridevano, ed io sentivo verso di loro una curiosità piena di simpatia; ne ripetevo ai fratellini i pittoreschi soprannomi, e mi chiedevo se avrei mai osato essere per loro una padrona, come ero colla donna di servizio.

Il babbo, sí, si palesava uomo di comando, inflessibile e onnipossente, meravigioso d'attività e d'energia. Quando certe sere, dopo il pranzo, uscivamo un po' con lui, la mamma e noi figliuoli, per lo stradone maggiore del paese, la gente ci osservava dalle soglie con un misto di ammirazione e di timore. Trovavano alla mamma un viso da madonna, e voci femminili le mormoravan dietro benedizioni per i suoi bambini. Ella ringraziava col sorriso mite, piccola e fine nel vestito quasi dimesso. Mi sembrava contenta anche lei in quei momenti: era ne' suoi occhi come una riverenza vero il compagno rivestito cosí d'un nuovo fascino.

Ricordo una mia fotografia dell'anno dopo. Ero già in fabbrica come impiegata regolare. Indossavo un abbigliamento ibrido, una giacchetta a taglio diritto, con tanti taschini per l'orologio, la matita, il taccuino, sopra una gonnella corta. Sulla fronte mi si inanellavano, tagliati corti, i capelli, dando alla fisionomia un'aria di ragazzo. Avevo sacrificata la mia bella treccia dai riflessi dorati cedendo alla suggestione del babbo.

Quel mio bizzarro aspetto esprimeva perfettamente la mia condizione d'allora. Io non mi consideravo piú una bimba, né pensavo di esser già una donnina: ero un individuo affaccendato e compreso dell'importanza della mia missione; mi ritenevo utile, e la cosa mi dava un'illimitata compiacenza. In verità, portavo nell'esecuzione dei lavori che il babbo m'aveva assegnato una lealtà assoluta e una forte passione. M'interessavo quanto lui alle piccole e grandi vicende dell'azienda, e, mentre non mi annoiavo allineando cifre per ore e ore sui registri, mi divertivo come ad un gioco stando fra gli operai, osservandoli nelle aspre fatiche e chiacchierando con loro durante gl'intervalli di riposo. Eran molti, piú di duecento; una parte, che veniva dal Piemonte, si alternava ai forni giorno e notte, e gli altri, del paese, si agitavano continuamente nei vasti cortili e sotto le tettoie. Tutta quella gente non mi amava forse, ma certo sentiva piacere nel vedermi comparire all'improvviso col mio piglio un po' brusco; un piacere che si traduceva in atteggiamenti piú spigliati, piú conformi all'ideale del lavoro giocondamente accettato. Mi trovavano giusta, assai piú di mio padre, e cercavano accaparrarsi la mia benevolenza con ingenue adulazioni, perché io influissi a loro vantaggio su l'uomo che li faceva tutti tremare. Ma io sapevo che inutilmente avrei tentato di modificare la disciplina ferrea del babbo; ed ero inoltre persuasa ch'essa fosse necessaria. Non badavo quindi che a render accetto quel padrone, anche coll'esempio della mia obbedienza. E forse il babbo se ne avvedeva. Pel breve tratto fra la fabbrica e la nostra casa, egli mi parlava con un'inflessione di voce ch'io sola gli conoscevo, non dolce, non tenera, ma esprimente il riposo, l'attimo di sosta e di abbandono. Mi confidava: "Bisognerà tentare questo e quell'altro... Allora potremo aumentare un poco i salarî..." Pareva anche domandare il mio avviso. Ed io pensavo alla felicità di trovar pur io qualche cosa di nuovo da suggerirgli. La fabbrica diventava per me, come per lui, un essere gigantesco che ci strappava ad ogni altra preoccupazione, che ci teneva perennemente accesa la fantasia e saldi i nervi, e si faceva amare; – angolo di vita vertiginosa, da cui eravamo soggiogati, mentre credevamo di esserne i dominatori.

Rientrando in casa provavo, centuplicato, il senso di malessere che sorgeva già in me da bimba al ritorno dalla scuola. Mi vi sentivo spostata, e accentuavo con dispetto i segni di quel mio isolamento morale. Ero simile al giovinetto appena emancipato che si lagna arrogantemente del servizio domestico; rilevavo con lo stesso tono di superiorità le negligenze delle sorelline e di mio fratello, la loro svogliatezza per lo studio, la mancanza nella mamma d'una severità calma che li disciplinasse.

Le donne di servizio dovevano riferire in paese cose orrende sul mio conto: non prendevo mai un ago in mano, non badavo alle faccende di casa... E le mie escandescenze senza motivo! Non potevano paragonarsi se non a quelle di mio padre! Si allentava in quei momenti, forse, la tensione troppo acuta de' miei nervi. Forse si palesavano i sintomi d'una crisi di coscienza. Io non ne sapevo nulla. Bisognava che uscissi, che mi dessi a qualche folle corsa lungo il mare e mi sentissi alitare intorno la buona aria libera, per tornare calma, per cancellare pur la memoria del mio malumore. Ed allora obliavo anche l'espressione di pena profonda che solcava la fronte della mamma durante quelle scene.

Mia madre! Come, come ero cosí incurante a suo riguardo? Quasi ella era scomparsa dalla mia vita. Io non riesco a determinare nella mia memoria le frasi della lentissima decadenza avvenuta nella sua persona dal nostro arrivo in paese. Ella non aveva saputo sin dai primi giorni liberarsi da una certa timidezza che le impediva di andar sola o coi bimbi per la spiaggia o pei campi. Il paese non offriva altri svaghi: le donne dei maggiorenti non uscivano quasi mai di casa, ignoranti, indolenti e superstiziose; le contadine lavoravano piú che i loro uomini; gran parte della popolazione viveva sul mare e del mare, riparando la notte nelle catapecchie che si ammucchiavano a cento metri alla riva.

Neanche alla fabbrica la mamma s'interessava, attingendone motivi di distrazione. È vero che di questo ero quasi lieta, dicendomi che ella forse non avrebbe visto di buon occhio le mie imprese. La sentivo, ancor piú che a Milano, troppo diversa di gusti e di temperamento da mio padre, e per conseguenza da me. E anche sentivo, confusamente, che questa differenza era sempre piú la causa dei malumori che i miei genitori non riuscivano a nascondere. Ma non me ne preoccupavo, o, per meglio dire, mi liberavo tosto dalle impressioni fastidiose senza cercar di approfondirle. Forse era un po' istintivo timore di scoperte troppo gravi per la mia età? Non so. Soltanto un piccolo fatto mi diede il sospetto che mio padre non volesse bene alla mamma come a me.

Era sul finire del primo inverno che passavamo colà. Si doveva, la mamma, il babbo ed io, recarci al vicino capoluogo, invitati a pranzo e a teatro dal proprietario della fabbrica e dalla sua signora, la quale s'era degnata salire a casa nostra l'estate innanzi. Scendeva il crepuscolo e l'ora della partenza del treno si avvicinava. Io ero pronta, allonché entrò a casa il babbo per cambiare d'abito; egli in un batter d'occhio fu all'ordine. La mamma invece indugiava dinanzi allo specchio, dubbiosa della sua toeletta che non indossava da molto tempo: passava sul viso il piumino della cipria, allorché mio padre, infastidito dell'attesa, si affacciò di nuovo all'uscio della camera.

Rivedo la stanza, lo specchio, l'alta finestra da cui sembrava entrare, piú che la luce del tramonto, il riflesso del mare grigio, torbido. Ed all'orecchio mio si ripercuote, colta a volo, una frase: "...devo dire dunque che sei una civetta?..."

Mezz'ora dopo, in treno, tremavo ancora nel mio intimo incapace di formulare un biasimo pel babbo, una discolpa per la mamma, e m'avvidi tra la penombra, che sul volto di questa, inclinata verso lo sportello, scorrevano delle lagrime. Riviveva ella pure il momento amaro? O molti altri uguali? Pensava ch'io ero stata testimone dell'offesa? E per la prima volta ella mi era apparsa come una malata: una malata cupa che non vuol essere curata, che non vuol dire neppure il suo male.

Poi...Io leggevo nei libri vicende d'amore e d'odio, osservavo simpatie e antipatie nella gente del paese, credevo di sapere già molte cose sulla vita, ma ero incapace di penetrare la dolorosa realtà della mia casa. Passavano i mesi, cresceva la tristezza della mamma, si diradavano le attenzioni del babbo per lei, le passeggiate in comune, ed io che non ero già piú una bimba, continuavo nella mia vita come se nessuna minaccia si addensasse intorno. Perché? M'assorbiva, sí, come nell'infanzia, l'ammirazione per mio padre; ma ciò non basta a spiegare la mia cecità. Forse la mamma stessa, in un doloroso pudore del suo male, evitava una confidente troppo immatura, troppo esclusivamente dedita a colui che le causava dolore, e lasciava che il tempo scorresse, nell'attesa vaga e stanca di qualche occasione provvidenziale.

In paese ella doveva suscitare una certa simpatia per la gentilezza dei modi e l'aspetto soave, benché avesse cessato per imposizione del babbo ogni pratica religiosa, e ciò facesse mormorare le piú beghine.

Chi sa se fin dai primi tempi la immaginarono poco felice con un marito e con una figlia quali eravamo io e mio padre? Perché verso quest'ultimo s'era ben presto accesa una sorta ostilità. Non c'erano, di ricchi, nel paese, che il capitalista proprietario della fabbrica, quasi sempre residente a Milano, e un conte, padrone di quasi tutte le terre, il quale faceva rare apparizioni con la moglie, un grosso idolo carico di gioielli, al cui passaggio donne e uomini si curvavano fino al suolo. Una decina d'avvocati, annidati in un circolo di civili, suscitavano e inbrogliavano lunghe liti fra i piccoli proprietari dissanguati dalle tasse. Se si aggiungono alcuni preti e mezza dozzina di carabinieri, ecco tutta la classe dirigente del luogo. Mio padre non solo non aveva dato segno di accorgersi di loro, ma aveva respinto con impazienza un banchetto che avevano voluto offrirgli, insieme alla presidenza di non so quali istituzioni antiche e pompose e senza fondi. La cosa era inaudita, come inaudito e quasi offensivo era il fatto ch'egli rinviasse sistematicamente quanti gli portavano regali. Quante volte delle donnicciole uscivan da casa nostra stupefatte e disperate, perché il babbo non aveva accettato i polli coi quali esse volevano intenerire il suo cuore in favore dei loro figliuoli!

Ma nella sua estrema ignoranza e indolenza il popolo era la parte migliore del paese, non mancava di una certa bontà istintiva; rimproverava soltanto al "direttore," come mio padre veniva chiamato, il rigore inaudito verso i dipendenti, esagerato di bocca in bocca.

Nei primi tempi il babbo aveva riso di questa antipatia diffusa. Poi, pian piano, aggiungendovi la conoscenza piú esatta dei lavoratori del luogo, un rancore amaro principiò ad invaderlo. Sopra tutto l'ipocrisia dominante l'irritava. L'isolamento favoriva in lui la critica spietata, senza misura: il confronto fra quella razza quasi orientale che gli si premeva intorno sordidamente, e i suoi compaesani, si esagerava. Reagiva cosí, forse senza addarsene, al pericolo di acclimatarsi o di veder acclimatarsi i suoi figliuoli? Ma perdeva, anche inconsapevolmente, l'equilibrio del giudizio, esagerava la sua superiorità, il suo sprezzo fino alla provocazione. Avrebbe voluto adoperar nella fabbrica soltanto operai piemontesi, fondare una vera colonia, ma vi si opponeva il proprietario per economia e per prudenza. La maestranza nondimeno era composta tutta di nostri conterranei che colle famiglie costituivano un gruppo isolato e guardato dagli indigeni con diffidenza.

Io mi esaltavo in cuore misurando la distanza fra noi e "tutti quegli altri." Quando rientravo a casa dalla fabbrica, col berretto di lana rossa sui miei capelli corti e coll'andatura rapida di persona affacendata, udivo dei sussurri dietro di me: in faccia al caffè i soliti scioperati mi guardavano sorridendo; sentivo che da una parte destavo la loro curiosità, dall'altra offendevo la loro abitudine di veder le fanciulle passar timide, guardinghe e lusingate dai loro sguardi. Il paese mi veniva in uggia, e se non l'aborrivo era unicamente a causa delle bellezze naturali che non mi stancavo di ammirare. Una strana nostalgia, strana in me che non avevo sentito alcun dolore lasciando Milano, mi s'era venuta insinuando nell'anima silenziosamente, non esternandosi che nelle lettere alle amiche. Il mio settentrione, attraverso le nubi del ricordo, m'appariva ora desiderabile, pieno d'incanti: la città sopra tutto, l'immensa città col suo formicolío umano, con la sua esistenza vibrante, la città che rivedevo talora in certi aspetti piú tipici, che mi risorgeva all'improvviso, in scorci, per cui avevo la momentanea illusione d'essere ancora là, piccola, a mano del babbo, sotto la nebbia o nel sole polveroso; la città della mia fanciullezza già circonfusa d'un rimpianto senza nome mi dava a volte nel ricordo brividi di passione...

Quando, in premio del mio primo inverno "di servizio," il babbo mi portò a Roma e a Napoli, questa vaga nostalgia di centri "viventi," mi si illuminò. Dopo due anni rivedevo la folla, m'incontravo con visi su cui erano segni d'intelligenza superiore o tracce di vita intensa; mi risentivo piccola, insignificante, sperduta, anelante ad apprendere da tutti e da tutto intorno. Ciò mi produsse una emozione forse maggiore di quella che mi destarono i monumenti e i paesaggi meravigliosi. E nelle lettere alla mamma e nel diario che per incitamento di mio padre scrissi durante il viaggio, questo senso intimo faceva capolino assieme ad osservazioni ingenue, a note ammirative, a velleità critiche.

Fu quel viaggio come il coronamento della mia adolescenza balda, temeraria, trionfante. Me ne rimase una memoria indistinta, circonfusa di luce troppo vivida. Le impressioni si erano sovrapposte nel mio spirito quali sillabe d'un'ignota parola che riassumesse la vita; e io le avevo accolte con un grave stupore, sentendomi nelle vene serpeggiare una soavità nuova, un languore di cui non sapevo definire la causa, una brama di tenerezza, d'espansione... Il presente non era dunque che letargo, io andavo dunque incontro ad una nuova fase d'esistenza?

## III

Era il terzo settembre che passavamo in paese. La stagione balneare non aveva differito dalle precedenti, e nessun distinto particolare di essa m'è rimasto nella memoria: mi pare soltanto che per mio conto alternassi il piacere di nuotate sempre piú lunghe e audaci con quello di letture ugualmente eccessive, da cui uscivo col capo stanco e con un confuso malcontento di me stessa.

Della mamma, dei fratellini, dei conoscenti, di mio padre stesso non riesco a ricordare nulla, in quell'estate. Come fu che una sera si diede in casa nostra una specie di ricevimento ad alcuni villeggianti e ad alcune famiglie del luogo? L'iniziativa era venuta dal babbo. Tre stanze del nostro appartamento, trasformate e adornate da piante e da lumi, avevan raccolto una quarantina di persone, signore di Napoli e di Roma a cui guizzava negli occhi l'ironia per le provinciali, uomini gravi che consideravano mio padre curiosamente nel suo aspetto intimo di buon ragazzo, qualche impiegato, le maestre e maestri del paese con le lor famiglie. Una piccola orchestra invitava a ballare grandi e piccini. Nella mia qualità di padroncina di casa non avevo potuto rifiutare di far qualche giro anch'io, a malincuore, perché la danza non mi piaceva e mi produceva mal di capo. Ero osservata: i giovani mi si avvicinavano con una specie di timidezza che mi divertiva. Ma fra un ballabile e l'altro io m'ero sorpresa di riguardare il babbo e la mamma, involontariamente. L'uno, appassionato ed eccellente ballerino, pareva ritornato giovinotto, ed esercitava intorno con la spontaneità della sua natura un vero fascino: l'alta persona, volteggiando fra le coppie, mi significava ancor una volta la semplicità, la gioia, la forza della vita. Mia madre era contenta di quell'ora di svago? Anch'ella, avvolta in un abito di pizzo nero scintillante di perline, mi evocava fuor della memoria anni lontani, serate in cui l'avevo vista partire a braccio del babbo per qualche spettacolo, timida ma non impacciata nell'abbigliamento elegante. Il suo viso conservava la grazia dei tratti; non pareva, quella sera, ch'ella avesse piú di trent'anni.

Ma mi sembrava ch'ella non pervenisse a nascondere una nervosità di cui ignoravo la cagione: notavano gli ospiti e il babbo lo sforzo che ella faceva su sé stessa per seguire le conversazioni e i giuochi?

Verso le otto del mattino seguente, appena alzata, passando accanto alla camera della mamma e supponendola ancora in letto, bussai per domandarle ordini; la voce di lei, fievole, mi disse d'entrare. Scorsi il profilo del babbo addormentato, vòlto verso l'uscio; il viso materno non si distingueva bene fra i cuscini e le coltri; rinchiusi la stanza, raggiunsi i fratellini che facevano già colazione.

Quanti minuti scorsero? Un grido, indi parecchi altri, poi un gran sussurro nella piazza sottostante mi fecero trasalire. Non m'ero ancora avvicinata alla finestra, che il rumore si portò ai piedi dello scalone di casa, facendomi correr verso la porta, seguita dalla donna e dai fratelli. Esclamazioni di sorpresa e di dolore salivano dal basso, con uno scalpiccío come di persone che recassero un peso: la cameriera, precipitatasi contro la balaustra, gittò un urlo, si ritrasse, per coprirci lo spettacolo, per respingerci in casa. E io vidi il corpo di mia madre portato da due uomini, un corpo bianco seminudo su cui una mano aveva lanciato un cencio che penzolava, come penzolavano le braccia, i piedi, i capelli. Uno stuolo di gente seguiva. Pensai d'esser impazzita.

No! Era la mia mamma veramente, gli occhi chiusi, bianca nel viso come una morta, con macchie rosse lungo un braccio ed un fianco. Il babbo si avanzava fuor della stanza semivestito senza comprendere. Si strinse le tempie; il volto gli si scompose, e io dovetti non vedere e non sentir piú nulla, poiché non ricordo altro.

Mi riscosse un vocío di donne. Raccontavano. Avevano visto affacciarsi al nostro balcone la figura bianca, scambiata cosí al sole per una di noi bambine, le avevan fatto cenno di rientrare. La figura s'era sporta, indi abbandonata, piombando di fianco sul terreno.

Entrò il medico. Penetrai con lui nella camera. La mamma era sul letto, senza moto; il babbo a' suoi piedi, lo sguardo perduto, si torceva le mani. Mi vide, e un gran singhiozzo, il primo ch'io sentissi salire da quel petto, lo abbatté su una sedia, mentre mi traeva fra le ginocchia e nascondeva la faccia sulla mia spalla.

Oh lo smarrimento che mi prese! Il tumulto che scoteva mio padre mi atterriva; ed insieme m'invadeva l'oscuro presagio d'altri momenti atroci come quello...

Non avrei voluto piú sciogliermi da quell'abbraccio: per la prima volta provavo la volontà di chiudere gli occhi e di sparire. E non formulavo alcun pensiero, neppur questo: "Vive ancora?"

Viveva. Il capo, il tronco erano stati miracolosamente illesi: solo il braccio sinistro era spezzato. Non riprese conoscenza che dopo tre giorni. Non seppe o non volle dir parola del tragico accaduto: ho il confuso ricordo d'una sera in cui il babbo, a ginocchi, la scongiurò invano, non ottenendo che questa risposta: "Perdonatemi, perdonatemi..." Erano nella stanza anche i bimbi. Il babbo piangeva, e io non so ancora se fossero piú strazianti le lacrime di lui o le fioche parole dell'inferma, che uscivano come dall'ombra...

Era stato un momento di pazzia? Volevo crederlo e insieme mi spaventavo di pensarlo. Nella voce del babbo era l'accento appassionato della sincerità, quando chiedeva a sé stesso, sommesso e tremante, nella penombra della camera, che cosa poteva aver provocato quell'accesso di disperazione. La mamma lo guardava silenziosa: avevo il senso strano che ella ne attendesse la spiegazione da lui... E insieme avevo la certezza intima che mio padre non sapeva che cosa rimproverarsi.

Rimase in letto due mesi in un alternarsi di febbri che minacciavano la congestione cerebrale; presente come non mai, e insieme assente, come dopo una suprema rinuncia.

Qualcosa di sinistro s'andava aggravando sulla casa, oltre all'ansia per le vicende della malattia e malgrado la stessa forza di resistenza, ch'era in tutti noi. I bimbi non comprendevano, subivano semplicemente la tristezza dell'ambiente; io notavo con disagio, poi con spavento, nel lentissimo risveglio di lei, certi torpori insistenti, certe lacune della memoria, certi eccessi nelle manifestazioni di affetto o d'antipatia per i circostanti. Ma avendo preso il governo della casa e continuando in certe ore ad occuparmi del mio impiego, non tralasciando le mie letture e la mia corrispondenza, ero occupata in modo da non poter troppo indagare le sensazioni nuove e varie che si alternavano in me. Compiangevo mio padre, prodigavo alla mamma una tenerezza vigile, quasi a scongiurare le manifestazioni che temevo dalla sua anima malata. Ero certa ora d'amarli entrambi, ma con una nuova inquietudine e con la sensazione, che sempre piú mi penetrava, di essere ormai sola, con la mia anima, e ignorando due anime che amavo, che compiangevo e che temevo di giudicare.

Alla fine dell'inverno la mamma era quasi del tutto ristabilita. Solo il braccio rotto, che aveva dovuto venir ricomposto due volte per l'inabilità del chirurgo, restò infermo, colle articolazioni della mano impacciate. Invecchiata, estenuata, aveva un'aria ancor piú dimessa e avvilita, con quella mano che la piú piccola delle mie sorelline baciava ogni poco teneramente, facendo splendere d'una lagrima gli stanchi occhi di lei. Pareva tornata bimba, una bimba timorosa che non sa liberarsi dal ricordo di un suo errore.

Il babbo, passate le settimane del pericolo, aveva vinto lo smarrimento, appariva di nuovo padrone di sé. E non osando interrompere i lunghi silenzi in cui s'immergeva, io pensavo... Per la prima volta cercavo nel passato, scoprivo degli indizi, li collegavo. I dissensi che avevo intuito nella vita de' miei cari mi apparivano ora diversi da quelli che talvolta avveravansi tra il babbo e me; capìvo che doveva esserci qualcosa di ben piú profondo, qualcosa di fatale e d'invincibile come mi pareva che fossero le mie antipatie contro certe persone e certe cose... Il babbo doveva averla amata tanto quella povera cara, e ora ne' suoi isolamenti silenziosi egli rievocava chi sa quali ricordi; ma sentivo che dovevano essere soltanto ricordi.

E non riuscivo a veder nell'avvenire stabilirsi un amore nuovo e piú forte fra loro e in tutta la famiglia.

Egli era con la mamma pieno di riguardi, condiscendente, quasi carezzevole; evitava le antiche sfuriate; ma io percepivo una punta di rassegnazione nel modo con cui accettava la melanconia persistente di lei, di lei che scoprivo oppressa dal desiderio timido e accorato d'un ravvicinamento.

Un giorno, la nostra casa era piena di sole, essi restarono chiusi piú d'un'ora nella stanzetta ove adesso il babbo dormiva solo: quando ne uscirono, mia madre aveva il volto soffuso d'un color che da tanto tempo non le vedevo, e insieme d'un sorriso vago, un sorriso di fanciulla felice. Mi guardò come se non mi riconoscesse. Il babbo invece s'annuvolò, evitando il mio sguardo.

Altre volte la vista della mamma appongiantesi stanca sulla spalla del babbo, mi turbò, nelle settimane seguenti. Il babbo sfuggiva di trovarsi solo con lei, me ne persuasi; sfuggiva noi tutti, la casa, quasi insensibilmente.

La primavera scorreva lenta: nei crepuscoli tepidi ed avvincenti io mi sentivo talora invadere da un bisogno torturante di pianto, di dissolvimento: che cos'era? Dov'era andata la mia balda adolescenza? Perché mio padre si allontanava cosí dalla mia anima? Non mi sentiva soffrire; non mi amava, ah, certo non mi amava piú! Stavo io per dubitare di lui, di me stessa, della vita?

Pure la giovinezza incosciamente reagiva. Continuavo a lavorare, a scivere lunghe lettere, piene d'una strana austerità, alle mie amiche; e sorridere con una punta di civetteria ingenua agli operai piemontesi di cui qualcuno mi destava una simpatia esagerata, per contrasto forse coll'uggia che mi davano persone e cose del paese.

E la mia personcina si trasformava, perdeva certe asperità di linee e di movimenti, e il viso sopra tutto pareva farsi piú luminoso, piú espressivo. Fu mio padre che mi fece gettar la prima volta gli occhi sullo specchio con interrogazione un poco ansiosa: una sera sentii, con un misto di gioia e di stupore, ch'egli diceva come a sé stesso, dopo avermi considerata alquanto in silenzio: "Diventerà bella..." Non lo credetti, ma provai una compiacenza inesprimibile.

Altri notava la mia metamorfosi. Era nell'ufficio della fabbrica, impiegato da un anno, un giovane del paese, figlio di piccoli proprietari, piacevole d'aspetto, con modi spigliati, ch'io trattavo da buon camerata, scambiando barzellette o disputando cordialmente negl'intervalli del lavoro, sopra tutto quando si rimaneva soli nel vasto stanzone ove entrambi avevamo il nostro tavolo. In quella Primavera l'ossequio leggermente ironico ch'egli aveva fin allora usato verso di me lasciò il posto ad una piú spontanea attitudine di ammirazione, che non mi sfuggí e mi divertí. Mi raccontava del paese, di quello che i suoi compagni dicevano di me. Lo interrogavo sul mio conto con grande curiosità; mi descrisse uno d'essi, che si diceva innamorato di me e parlava di rapirmi: questo era un uso non raro in quei luoghi e al ratto seguiva il matrimonio. Io ridevo e accennavo a mio padre, il cui nome incuteva terrore. Piú d'una volta infatti incontrai gli occhi di quel sedicente innamorato, non senza noia.

Il giovane mi diceva anche che l'arciprete aveva fatto piú volte accenno a noi in chiesa, attribuendo la disgrazia di mia madre a castigo di Dio. Affermava che alcune vecchie facevano il segno della croce quand'io passavo. Mi chiamava "demonietto" e pareva guardarmi come un oggetto curioso dal congegno ignoto e forse pericoloso. In breve ardí riferirmi lodi che secondo lui si facevano dai signori, di questo o di quel mio pregio fisico. Ripeteva tutto ciò con compiacenza. Le sue parole come il suo sentimento mi lasciavano tra offesa e lusingata, ma mi pareva di sentirvi un fondo di sincerità, e nella incipiente soddisfazione del mio rigoglio trovavo scusabile che colui, al quale non celavo d'altronde la coscienza della mia superiorità, dimenticasse talora che io ero la figliola del suo principale. Gli rispondevo scherzosamente, per fargli comprendere tuttavia che non davo alcuna importanza al gioco; talvolta mi compiacevo a cambiar improvvisamente il discorso, a trascinare il giovane sprovvisto di cultura e con opinioni abbastanza grette e convenzionali, in discussioni nelle quali ben presto egli restava battuto: allora ridevo, d'un riso alto, squillante, e così fanciullesco in fondo, che colui finiva per rider con me, non senza lasciar trasparire sulla faccia uno stupore un po' ingenuo.

Una seconda vittima delle mie bizzarrie era una vecchietta che frequentava la nostra casa per assistere la mamma. Chiacchierando, ella alludeva talora al mio avvenire, al tempo in cui sarei divenuta sposa e madre e avrei riso delle attuali mie funzioni d'impiegata; tranquilla io replicavo che *non mi sarei mai maritata*, che non sarei stata felice se non continuando la mia vita di lavoro libero, e che, del resto, tutte le ragazze avrebbero dovuto far come me... Il matrimonio... era un'istituzione sbagliata: lo diceva il babbo sempre.

La vecchietta s'indignava. "Ma allora il mondo finisce, non nascon più figlioli, non comprendi?"

Restavo interdetta. Mia madre, già da qualche anno, mi aveva parlato delle funzioni misteriose dell'organismo femminile, pur senza soffermarsi sui rapporti fra uomo e donna. Certo, se mio padre propugnava la sparizione del matrimonio, voleva dire che i bimbi avrebbero potuto nascere ugualmente: il babbo non voleva la fine del mondo. Ed io, dopo tutto, non sentivo questa responsabilità verso il futuro... No, non mi sposerei.

La mamma assisteva a questi dibattiti senza parteciparvi: ella era sempre più assorta, chiusa come in un deserto interiore. Alla fine della primavera il babbo le propose di andare a passare un mese a Torino, dai parenti, con me. Ella accettò. Che senso di responsabilità penosa, accompagnandola io sola! Sempre, latente, era il terrore di vederla ripresa dalla necessità d'un qualche folle e fatale atto. E ancora, piú triste che mai, il dubbio di non amarla quanto avrei dovuto e voluto, di essere impotente di fronte alla sua infelicità!

Ma col viaggio parve le ritornasse veramente un poco di speranza e una certa serenità, insieme ad un poco di vigore fisico. In quanto a me il tuffo inatteso nelle memorie dell'infanzia valse a far dileguare alquanto gli oscuri timori, a restituirmi parte della mia baldanza.

Una volta ancora tornò l'estate. Io compivo i quindici anni. Alla spiaggia dove la colonia bagnante si riuniva e invitava talora a' suoi passatempi, mi vedevo osservata con curiosità da tutti, guardata con insistenza da uomini di varia età, e un giovane prima, malaticcio e motteggiatore, poi un altro quasi ancora adolescente, dal corpo forte ed agile e dalla testa ricciuta che mi ricordava certi bronzi visti nei musei, mi occuparono per qualche settimana la fantasia senza farmi battere il cuore né destarmi istinti di civetteria. A me stessa ridendo chiedevo: "M'innamorerei?..." e il giuoco mi piaceva, pareva dare un sapor nuovo alla vita che vivevo con tanta foga. Facendomi cullare dall'onda per ore ed ore sotto il sole ardente, sfidando il pericolo coll'allontanarmi a nuoto dalla riva e non esser piú visibile, io mi unificavo con la natura e sfogavo insieme l'esuberanza del mio organismo. Ero una persona, una piccola persona libera e forte; lo sentivo, e mi sentivo gonfiare il petto d'una gioia indistinta.

Ma in casa la tristezza ritornava, piú paurosa. Nella mamma il carattere s'innaspriva, e questo rendeva piú palese il progrediente squilibrio del suo spirito, che il babbo non si peritava di far rilevare a lei stessa, crudamente. I ragazzi erano piú che mai abbandonati.

Come lontano il tempo in cui nostro padre si faceva bimbo per giocar con noi! La stanchezza, l'indifferenza verso tutta la famiglia erano ormai evidenti in lui. Sopraggiungendo l'autunno, pretestò di dover fermarsi fino a tarda ora di notte in fabbrica, ed in casa non lo si vide piú che durante i pasti, taciturno. Piú che mai esigente coi suoi operai, neppure a me risparmiava i rigori della sua disciplina, con una durezza spesso glaciale... Stupita, sgomenta, cercavo...

Il mio compagno d'ufficio non mi lasciò cercare a lungo. Restavamo spesso soli nello stanzone grigio ove s'allineavano scaffali e tavoli ricoperti di carte e registri, ed in mezzo al quale una grossa stufa a carbone ardeva rendendo l'aria spesso intollerabile. Un altro impiegato sopraggiungeva soltanto nelle ore del pomeriggio, un quarto faceva frequenti assenze. Fra un lavoro e l'altro continuavamo a scambiarci frasi piú o meno scherzose, o ad intratten discorsi piú seri, che venivano interrotti e ripresi ripetutamente lungo il corso della giornata. Egli aveva venticinque anni, la persona maschia e snella, il viso olivastro animato da due larghi occhi neri: parlava con felicità ed abbondanza. Molte cose in lui mi urtavano, quotidianamente. Non tutte gliele celavo; ma egli non badava alle osservazioni di una ragazzina, stupito soltanto, abituato com'era a considerar la donna un essere naturalmente sottomesso e servile, della mia indipendenza. Non sapevo nulla di lui, soltanto avevo udito dire vagamente che una ragazza, da lui amata prima che andasse soldato, aveva tentato di uccidersi quando al ritorno egli non l'aveva piú curata. A mio padre non piaceva, lo tollerava perché era un lavoratore; ma mi rimbrottava seccamente ogni volta che ci sorprendeva a chiacchierar insieme.

Fu per rappresaglia? Questi mi narrò ciò che in paese ormai molti sapevano: che mio padre aveva un'amante, una ragazza stata qualche tempo operaia nella fabbrica; che la cosa doveva essersi iniziata in primavera, durante il viaggio mio e di mia madre; che quasi ogni sera il babbo andava a trovar colei, alloggiata e mantenuta a sue spese con tutta la miserabile e numerosa famiglia in una casa fuor dal paese...

Il babbo!... Mille piccoli incidenti mi si illuminarono: non m'era possibile non prestar fede alla terribile rivelazione... Mi sentii curvare a terra, afferrare dall'istinto di mordere il suolo, nel dolore e nella vergogna...

Mio padre, l'esemplare raggiante, si trasformava d'un tratto in un oggetto d'orrore: egli, che mi aveva cresciuta nel culto della sincerità, della lealtà, egli nascondeva a mia madre, a noi tutti, un lato della sua vita. Oh babbo, babbo! Dove era la nostra superiorità, di cui andavo cosí altera fino a ieri? Mi pareva che piombassimo piú giú di tutte quelle creature intorno, di cui avevo indovinato il lezzo istintivamente! E i miei fratelli innocenti! E mia madre, mia madre, sapeva qualcosa? Mi sentivo ora attratta verso la sventurata col cuore pieno, fino a scoppiare, pieno di rimorsi e d'ira contro me stessa...

Forse quando ella aveva tentato di morire, mio padre la tradiva già? Allora io avevo respinto il dubbio con tanta sicura e serena persuasione! Anche oggi lo respingevo. Era troppo orribile! Ma intanto l'infermità fisica e morale che teneva mia mamma non era una scusa per mio padre dinanzi a' miei occhi.

Oh se fosse possibile far rinsavire il babbo, opporre alla sua la mia volontà audace e fremente, salvare tutti noi dalla rovina!

Ma chi, con perfidia od incoscienza, m'aveva portato il tremendo colpo, badava ad insinuarmi l'inutilità d'ogni reazione, e a dipingermi nello stesso tempo un fosco avvenire. Mi prodigava una pietà che in tutt'altre circostanze m'avrebbe offesa. Non gli badavo: mi sentivo stringer le mani, accarezzar i capelli, e il mio essere cedeva inconsapevole alla dolcezza di quel contatto, mentre tremavo d'ira e di disperazione.

Che cos'era quella forza oscura che mi si rivelava cosí d'un tratto, quell'amore di cui le mie letture m'avevan dato un concetto chimerico? Era dunque una cosa nefasta, degradante, e pur formidabile se aveva potuto vincere ed avvilire mio padre!

E la vita, che ignoravo, ma in cui avevo sempre creduto fosse riposto un fine di bontà e di bellezza, m'appariva incomprensibile, deforme...

Quanti giorni vissi con l'atroce tumulto nell'anima? Non so piú. So soltanto che negli istanti di depressione succedenti al parossismo, una voce calda e giovanile, insistente, al mio fianco, mi sussurrava parole di ammirazione sempre meno velate. In certi momenti mi sentivo àtona, istupidita, e quell'unica voce continuava, m'investiva coll'accento della passione. Ed incominciai a rispondere, con una incredulità che persisteva in me, e insieme una speranza che mi s'imponeva ardentemente: divenni dolce, remissiva. Non gli dicevo di volergli bene, non lo dicevo neanche a me stessa, ma c'era un uomo a cui ero cara.

Come seppe la mamma la sua sventura? Una sera eran venuti a trovare il babbo dopo cena, non so piú per qual motivo, alcuni individui, fra gli altri un notaio, creatura insignificante e melliflua che mio padre doveva aver preso a confidente, e il mio compagno d'ufficio: si chiacchierava. Mia madre scoppiò ad un tratto in una risata convulsa, domandando al notaio: "È vero, dica, che lei accompagna mio marito a passeggio la notte dalla parte del fiume? Mi racconti in po' di che cosa parlano...!"

Gli uomini si scambiarono un'occhiata, esterrefatti. Pallida, ora, la mamma s'alzava con un tremito, accusava un malessere, si ritirava. Rimanemmo in sala il babbo, io e gli ospiti. Vedevo sul volto di mio padre un'ira repressa, terribile. A voce lenta, quasi mormorando, egli dichiarò:

"Quella donna impazzisce!"

In un impeto proruppi: "Anch'io impazzirei, papà!" E gli piantai gli occhi in viso, con disperata ribellione, sentendo mormorarmi al capo uno spasimo terribile.

"Taci, tu!" urlò l'uomo colpito a sangue, slanciandosi quasi per stritolarmi; e indietreggiando d'un subito con un supremo sforzo: "Esci!"

Non ricordo come passai quella notte. Il mattino seguente, la mamma in camera sua con la febbre attendeva invano una visita del marito, certo per chiedergli perdono; io mi sentii annunciare che alla fine del mese sarebbe cessato il mio impiego! Era la risposta alla mia frase della vigilia.

Quando fui nell'ufficio non potei trattenere il pianto: quella vita di lavoro fra gli operai io l'amavo intensamente, non potevo pensare di abbandonarla, non ne immaginavo alcun'altra cosí conforme ai miei gusti, alla mia natura. Lo dissi al mio compagno, che mi si era avvicinato.

"E a me non pensa? Che farò io?" mormorò egli. E ritornò al suo tavolo, nascose la faccia fra le mani, con un sussulto nervoso alle spalle. Gli andai accanto, dimentica della mia pena; mi afferrò, mi strinse, piccola, contro il suo petto.

"Com'eri bella, iersera, com'eri fiera, come avrei voluto baciare le tue ginocchia..."

Chiusi gli occhi. Era vero? Tutta la mia anima voleva una risposta. Rimasi ferma qualche minuto: le labbra di lui scesero sulle mie. Non mi svincolai. I miei sensi non fremevano, ancora sopiti; il cuore attendeva se qualche grande dolcezza stesse per invaderlo.

Un rumore che sopraggiungeva mi fece allontanare bruscamente. Il giorno dopo, in un istante di solitudine, mi rifugiai di nuovo accanto al giovane, che mi disse di volermi bene, e m'impedí di parlare, soffocandomi con brevi baci sulla bocca, sul collo. Mi scostai un po' infastidita. Ma nei dí seguenti la compagnia di lui mi parve necessaria. Dimenticavo in quei momenti il dolore che portavo meco dalla casa, che mi si incrudeliva ogni volta che incontravo lo sguardo di mio padre. E non chiedevo altro, paralizzata.

Egli comprendeva la mia incoscienza, constatava la mia ignoranza, la mia frigidità di bambina quindicenne. Velando con gesti e sorrisi scherzosi l'orgasmo ond'era posseduto, con lenta progressione mi accarezzò la persona, si fece restituire carezze e baci, come un debito di giuoco, come lo svolgimento piacevole d'un prologo alla grande opera di amore che la mia immaginazione cominciava a dipingermi dinanzi.

Cosí, sorridendo puerilmente, accanto allo stipite di una porta che divideva lo studio del babbo dall'ufficio comune, un mattino fui sorpresa da un abbraccio insolito, brutale, due mani tremanti frugavano le mie vesti, arrovesciavano il mio corpo fin quasi a coricarlo attraverso uno sgabello, mentre istintivamente si divincolava. Soffocavo e diedi un gemito ch'era per finire in urlo, quando l'uomo, premendomi la bocca, mi respinde lontano. Udii un passo fuggire e sbattersi l'uscio. Barcollando, mi rifugiai nel piccolo laboratorio in fondo allo studio. Tentavo ricompormi, mentre mi sentivo mancare le forze; ma un sospetto acuto mi si affiorò. Slanciatami fuor dalla stanza, vidi colui, che m'interrogava in silenzio, smarrito, ansante. Dovevo esprimere un immenso orrore, poiché una paura folle gli apparí sul volto, mentre avanzava verso di me le mani congiunte in atto, supplichevole...

## IV

Appartenevo ad un uomo, dunque?

Lo credetti dopo non so quanti giorni d'uno smarrimento senza nome. Ho di essi una rimembranza vaga e cupa.

D'improvviso la mia esistenza, già scossa per l'abbandono di mio padre, veniva sconvolta, tragicamente mutata. Che cos'ero io ora? Che cosa stavo per diventare? La mia vita di fanciulla era finita?

Il mio orgoglio di creatura libera e riflessiva spasimava; ma non mi permetteva d'indugiarmi in rimpianti e discolpe, mi spingeva ad accettar la responsabilità dell'accaduto.

E tentavo giustificare affannosamente ciò che ancora mi riempiva di stupore. Quell'uomo, da quando lo conoscevo? Da due anni circa. Lo avevo visto quasi ogni giorno, m'era stato compagno ed aiuto di lavoro. L'avevo guardato sempre con una franca compiacenza fanciullesca; le sue goffaggini stesse m'avevano divertita. Poi, un giorno, egli aveva tranquillamente disonorato ai miei occhi mio padre... Perché non avevo dubitato neppure un istante che mentisse? Io non sapevo nulla della vita, e subito la sua esperienza m'aveva infuso una specie di rispetto. E mi sorrideva con pietà. Aveva assistito all'angoscia terribile della mia anima improvvisamente sperduta. E m'era apparso diverso da quel di prima, un essere nuovo, dotato di tutto ciò che veniva a mancare a mio padre. Come lo giudicava con dignità, con sdegno, e com'era commosso difendendo la mia povera mamma! Un solo momento ne avevo ricevuto un'impressione fastidiosa: quando chiestogli se mi avrebbe sostenuta colla sua testimonianza, allorché io avessi affrontato mio padre, m'aveva scongiurata di tacere, di tacere...

E da quel momento m'aveva avviluppata coll'onda delle parole carezzevoli; il mio cuore s'era intenerito. Non avevo dubitato un solo istante della sua devozione; avevo accettato, con la superbia non per anco estinta della mia superiorità.

Sapeva egli della stanchezza che m'aveva vinta? M'aveva tenuta fra le braccia, m'aveva detto di amarmi, ed io avevo ascoltato...

Non potevo concepirmi vittima d'un calcolo. L'amore doveva aver fatto tutto questo. Ed io com'ero impreparata ad accogliere il misterioso ospite! Ah, che davvero non sapevo nulla, in fondo, della vita, per aver troppo ed esclusivamente contemplato mio padre! Non mi ero mai raffigurato il mio avvenire di donna. E donna, ecco, ero divenuta subitamente, proprio quando non potevo piú confidarmi a mio padre, quando tutto il nostro passato perdeva ogni valore ai miei occhi, quando la stessa mamma mia non era piú in grado di ascoltarmi e di illuminarmi.

Neppure un istante ebbi la tentazione di svelare alla disgraziata il mio terribile segreto. Ella soffriva già abbastanza, chiusa nel suo dolore!

Mio padre, come lo sentivo lontano, staccato ormai dalla mia vita! E che strazio aggiunto allo strazio, questo di celargli la tempesta che mi travolgeva!

Sola, in silenzio, mi lasciavo invadere da una specie d'autosuggestione, di follia lucida. Era l'influsso dell'improvvisa scossa fisiologica? I ricordi che serbo sono come quelli della febbre... Quando mi dissi per la prima volta che dovevo, forse, ricambiare la passione di quell'uomo, accettar da lui, per tutta l'esistenza, l'appoggio, il rifugio ch'egli mi offriva, separandomi da tutto ciò che aveva costituito fin allora la mia vita? Non so, non vedo piú chiaramente. Avevo cominciato a pensare che forse io amavo il giovane da tanti mesi senza saperlo, che forse qualcosa, sotto le umili apparenze, m'aveva sedotta, d'inesplicabile. Poi avevo soggiunto che forse, in quell'avvenire di amore e di dedizione non mai prima intraveduto, era la salvezza, era la pace, era la gioia. Sua moglie... Non l'ero di già? Egli m'aveva voluta, egli m'era destinato, tutto s'era disposto mentre io credevo seguire una ben diversa via... Quello sposo delle leggende, che m'era sempre parso un puerile personaggio, esisteva, era lui!

L'uomo s'accorse subito che la sua causa trionfava, e forse non ne fu neppure molto sorpreso. Aveva però tremato. Adesso, piú sicuro, pieno di speranza, secondava le effusioni ch'io esalavo in lettere e parole alte e puerili insieme, e per arrestarmi sulle labbra ogni domanda di esplicazioni, ogni interrogazione su l'accaduto, riprendeva a baciarmi le mani e i capelli, fugacemente, e mi ripeteva con un poco di solennità che tutta la sua esistenza non sarebbe bastata a ringraziarmi del dono della mia, e tentava impadronirsi di nuovo della mia persona. Ma l'iniziazione era stata troppo atroce, e mi rifiutavo. Come molte fanciulle, alle quali le letture dei romanzi suscitano immaginazioni informi che nessuno illumina, io supponevo che la realtà non fosse tutt'intera in quella che mi aveva colpita disgustosamente: immaginavo un compenso avvenire di ebbrezze ineffabili che avrei goduto da sposa. Il pudore in me quindicenne era troppo embrionale ancora, perché potesse profondamente soffrire; forse anzi un'oscura fierezza mi spronava e sosteneva nella volontà d'amore e di dedizione che andavo coltivando con ostinazione disperata.

Ma il babbo notava le mie distrazioni e i miei turbamenti; d'improvviso mantenne la parola e m'impose di non tornare in ufficio.

Nella brusca separazione mi esaltai maggiormente e credetti di passare i giorni piú orrendi della mia vita; poi, riuscita a corrispondere col giovane, fui incitata da lui a dichiarare a mia madre il nostro amore: e la mamma, triste, affranta, china verso il precipizio della sua ragione, parve come bere da una fontana di giovinezza ascoltando la figliola innamorata. Erano i suoi vent'anni ch'ella rievocava? Era la felicità invano sognata per sé che si illudeva di veder risplendere per la sua creatura? Qualcosa di lei palpitava in me, in quell'ora, per la prima volta: lo sentiva incoscientemente? La sventurata non poteva immaginare il dramma che aveva troncata la mia adolescenza; pensò, anch'ella!, ad un sentimento magicamente sbocciato nel mio cuore per salvarmi da un'esistenza ibrida; e raccolse tutta l'energia di cui disponeva perché le mie lagrime cessassero, perché il suo sogno di dolcezza trionfasse una volta nella sua figlia...

Io la osservavo con tenera mestizia, con un senso vago, di timore per me stessa, riconoscendomi fragile come lei, chiedendomi se veramente io avessi maggior fortuna e non m'illudessi fidando nell'amore, com'ella s'era illusa.

Quando il babbo seppe, parve non dare importanza, non credere quasi. Ma, per iscritto e a voce, io e il mio tristo eroe cercammo di persuaderlo che unico scopo della nostra vita, ormai, era quello d'unirci. La sua collera scoppiò tremenda. Tuttavia neppure egli sospettò il vero: come avrebbe pensato alla delittuosa audacia, lui che si sapeva tanto temuto da chiunque lo avvicinava? L'idea di uno sciocco infatuamento della bambina preferita, educata a disprezzare ogni fantasmagoria e a contare su di sé sola per le battaglie della vita, lo esasperava. Non riconosceva certamente la sua parte di colpa, per l'attenzione affettuosa che m'era venuta a mancare nell'epoca in cui ne avrei avuto bisogno. Soffriva. Complicato e primitivo insieme, non giungeva a farsi un concetto preciso di quanto avveniva intorno a sé, né a porvi rimedio. Comprendeva d'esser solo, a sua volta, d'essersi alienata l'unica riconoscenza. E dall'addensarsi del biasimo generale sul suo capo, dal presagio d'imminenti catastrofi, traeva una disperata smania di tirannia e di vittoria ad ogni costo.

La mamma lo fece stupire insistendo nel difendermi. Dopo quella sera avevano sempre evitato di parlarsi; ora, l'una sembrava imporre all'altro, come patto di pace e di acquiescenza, il mio bene. Pareva dicesse: "Sí, sono vecchia, sarò nonna, la tranquillità entrerà nel mio spirito se non nel mio povero cuore: troverò ancora la vita un po' bella, purché nostra figlia sia contenta e io possa pensare ai suoi bimbi!..."

Egli non mi parlò. Compresi ch'io ero morta per lui, ch'egli dava l'addio a tutto il sogno che aveva costruito sul mio capo nel tempo remoto.

Disse al giovane che non era il caso di pensare al matrimonio, per allora: avevo quindici anni e mezzo; ne dovevano passare alcuni altri. Ma egli poteva frequentare la nostra casa, la sera, e accompagnarsi qualche volta a passeggio con la nostra famiglia. Che cosa contava fare? Trovarsi un impiego altrove, piú conveniente, tentare una carriera governativa? Lo avvertiva che non m'avrebbe data alcuna dote. Intanto, continuasse pure a prestar servizio in fabbrica...

Avevo immaginato che colui si sarebbe dimesso, si sarebbe procacciato subito un altro lavoro, anche fuori del paese. Nulla invece accadde; egli non pensava affatto che fosse poco dignitoso restare nella dipendenza d'un futuro suocero, e d'un uomo di cui egli biasimava la condotta. Per contro, era ben certo che mio padre doveva darmi un assegno quando fossi maritata.

Venne dunque da noi alla sera, come un fidanzato regolare. Col babbo non vi si incontrava mai, poiché quegli usciva senza fallo appena finito di pranzare. Attorno al tavolo i ragazzi giocavano o leggevano, la mamma ed io c'indugiavamo in qualche ricamo; e il giovane si divertiva a farmi indispettire, contraddicendomi sistematicamente nella conversazione. Ogni tanto mi dava un bacio all'impensata senza curare le proteste di mia madre e le risa dei bambini. Allora mi rabbonivo. Ci lasciavamo verso le dieci, dopo esserci abbracciati nell'anticamera buia ove io sola l'accompagnavo: a volte, le sue mani mi afferravano, un po' febbrili, un istante, risuscitando ne' miei sensi il brivido, ormai lontano, di terrore.

Le prime settimane s'era fatto in paese un gran discorrere della nostra relazione; il mio brusco allontanamento dalla fabbrica era stato interpretato dai piú maligni come la conseguenza di una scoperta da parte di mio padre. Non avevano, circa un anno prima, le stesse lingue sussurrato che l'affetto di mio padre per me fosse piú che paterno, non s'erano compiaciute in invenzioni odiose e mostruose? I miei genitori non sapevano quel che ora si andava dicendo. Dinanzi alla sicurezza ignara de' miei, avevo sentito in me crescere un senso di vergogna. Almeno il mio fidanzato fosse insorto contro i diffamatori! Pareva invece aver preso un contegno speciale di fronte ai suoi compagni, come se fosse tutto ad un tratto salito in dignità. Questi lo invidiavano e insieme sembravano esser contenti che uno del paese avesse umiliato l'orgogliosa famiglia forestiera. Passando dinanzi al solito circolo, m'avvedevo dei sogghigni con cui mi guardavano e la mia fierezza non osava piú reagire. Egli rideva, mi dava della sciocca. Rise anche quando gli riferii una diceria sul suo conto giuntami solo allora all'orecchio: che egli avesse disonorata la ragazza la quale poi aveva tentato di uccidersi per lui. E non si curò di difendersi né di giustificarsi.

Passando i mesi, anche le chiacchiere cessarono. Io ero del resto ormai isolata dalla vita paesana: il giovane, geloso, pretendeva da me mille rinunce assurde: non dovevo affacciarmi alla finestra, dovevo scappare in camera mia se qualche uomo capitava in casa, compreso il dottore della mamma. La mia personalità fin allora così libera, dinanzi alla memoria del fatto ch'io consideravo irreparabile, insorgeva a tratti, ma soltanto per farmi piú sentire la sconfitta patita.

Pure, scrivevo alle mie amiche che ero felice. Cercavo d'ingannar me stessa. E riuscivo ad eccitarmi la fantasia fino a provarne una specie di ebbrezza.

Amarlo, amarlo! Sí, lo volevo tenacemente. E non mi soffermavo su alcuna delle continue impressioni spiacevoli che il mio fidanzato mi procurava. Scoprivo in lui una quantità di difetti, prima insospettati: lo sapevo incolto, ma l'avevo ritenuto piú agile di mente: il suo carattere sopra tutto deludeva la mìa aspettativa, con qualcosa di sfuggente, di ambiguo; e la piccola ragionatrice ch'io ero pur sempre aveva talvolta dei moti di sorpresa non scevri d'indignazione. Ma li reprimevo tosto. Io volevo credere alla mia felicità, presente e avvenire; volevo trovare bello e grande l'amore, quell'amore dei sedici anni che riassume alla fanciulla la poesia misteriosa della vita. E nessuno, vicino a me, mi guardava negli occhi, entrava nella mia anima, mi diceva le parole di verità e di forza ch'io avrei ancora saputo comprendere.

Il mio volto, impallidito, incorniciato dai capelli che avevo lasciato di nuovo crescere, perdeva di espressione e di singolarità. V'era stato davvero un tempo in cui io potevo recarmi alla spiaggia a mio piacere, e tuffarmi per ore nell'acqua, e vagar nella campagna, e abbandonarmi a sogni di lavoro e di bellezza senza fine?

Adesso le giornate scorrevano quasi per intero nel silenzio della mia stanzetta. Preparavo il corredo, e talora restavo per lunghi momenti sospesa guardando le mie mani posate sulla mussolina bianca. Il mio avvenire di sposa si delineava: il babbo, piú facilmente che io non mi aspettassi, si piegava all'idea di maritarmi entro pochi altri mesi. E mi pareva d'esser preparata, anche colla visione della vita ritratta che mi attendeva; e non sentivo distintamente nessuno scrupolo per l'abbandono dei miei, di mia madre sempre piú debole, sempre piú paurosamente smarrita, dei miei fratelli senza guida e senza amore.

E nel mio fidanzato che avveniva? Forse un certo rispetto s'insinuava nella sua coscienza per la creatura rubata? Forse nel suo amor proprio s'illudeva di poter farmi felice?

Deciso a non lasciare l'impiego in fabbrica, calcolava su prossimi miglioramenti e su una futura successione a mio padre. Dibatté a lungo con lui la questione della dote; alfine si rassegnò ad accettare soltanto un assegno mensile. Voleva una promessa legale; ma mio padre, indignato, fu per troncare ogni trattativa. Il mio fidanzato non disponeva di nulla, appena di che rifornirsi la guardaroba e comperarmi l'anello matrimoniale. Il babbo diede il denaro per il mobilio. I miei futuri parenti non intervenivano che per meravigliarsi della poca larghezza nostra.

La situazione diventava in silenzio sempre piú penosa per tutti: a che prolungarla? La data dello sposalizio si fissò per la fine di gennaio.

Poco meno d'un anno era trascorso dalla tragedia silenziosa, della quale mai una parola mi era uscita di bocca neppure col colpevole. I preparativi precipitarono, senza gioia. La vigilia delle nozze il babbo, in uno di quei momenti di parossismo ch'egli aveva ora frequentissimi, mi bistrattò acerbamente, per un pretesto...

Alla sera, la mamma venne accanto al mio letto. Tentò parole di preparazione per quello che m'attendeva l'indomani; l'interruppi tosto abbracciandola, carezzandole le tempia grige, mentre dei singhiozzi soffocati mi scuotevano tutta. E ventiquattr'ore dopo, con mio marito, guardando dal treno la campagna biancheggiante di neve sotto le stelle, io pensavo alle due sofferenze diverse che in quel giorno, con sforzo enorme, si erano celate sotto il sorriso dinanzi a quanti erano accorsi a bene augurarci... Piangevano, in quell'ora, i miei genitori, nelle loro stanze solitarie?

## V

Le finestre della saletta da pranzo del nostro apparamento davano su uno stradone, di là dal quale si stendevano alcuni orti; al fondo si scorgeva un profilo di colline e una striscia di mare. Le altre stanze guardavano su un giardino piccolo e deserto, corso da malinconiche spalliere di bosso, e su la linea ferrata. Ogni tanto, di giorno e di notte, la casa tremava leggermente per il giungere e il partire dei treni, e nelle stanze si prolungava l'eco dei fischi. Al piano di sotto v'erano inquilini pressoché invisibili. Quando mio marito e la servente se ne andavano, io senza accorgermi evitavo di far rumore muovendomi.

Le mie vestaglie di flanella mi assicuravano, ad ogni istante, ch'io ero proprio *una donna maritata*, un personaggio serio, cui l'esistenza era definitivamente fissata. Quando uscii la prima volta sola a fianco del mio antico compagno d'ufficio, per lo stradone maggiore del paese, con in capo un cappello piumato che mi pesava orribilmente, e la persona impacciata entro un vestito all'ultima moda, mi parve che un abisso di tempo e di cose mi separasse dalla creatura che ero stata solo un anno innanzi.

Confusamente sentii la necessità di prendere come la cittadinanza del luogo, di immedesimarmi cogli usi e coi sentimenti delle persone che costituivano la mia nuova famiglia, l'ambiente in cui mio marito era cresciuto e nel quale anche i miei figli si sarebbero educati. Ogni qualvolta andavo a visitare mia madre, mi si affacciava piú nitida la differenza fra il mondo dal quale ero uscita e quello dove penetravo ora. E quasi un inconfessato rancore me ne veniva per il mio passato: qualcosa d'istintivo, d'irriflessivo e d'ingiusto, contro la mamma, come contro le sorelline, contro mio padre e contro le mie "utopie."

La mamma sola se ne accorse, colla sua sensibilità d'inferma: due o tre volte, in quei primi tempi della mia vita coniugale, ella espresse senza parlare, nel bianco volto sempre piú devastato dalla sofferenza, la sorpresa dolorosa che le procurava il mio silenzio. Io recavo dal viaggio di nozze un'impressione confusa, o piuttosto già sbiadita: nessuna forte compiacenza spirituale, nessuna vibrante rivelazione dei sensi. Oh l'attesa delle fanciulle! Io non avevo avuto tempo di foggiarmi nel desiderio tutto un mondo di ebbrezze; ma la delusione era stata ugualmente amara. Mi rimaneva in mente soltanto un diverbio scoppiato senza motivo serio il terzo giorno, per cui eravamo rimasti tutto un pomeriggio all'albergo in un mutismo stizzoso. E perché presentando mio marito alla amiche di Milano ed ai parenti m'ero accorta che temevo di leggere nei loro occhi dello stupore e forse della disapprovazione?

Non volendo rispondere, non volevo neppure ascoltare in me stessa queste interrogazioni. Per ciò mi dava disagio la sollecitudine ansiosa di mia madre: capivo bene ch'ella si aspettava che io le tornassi trasformata, piú sorella che figlia ormai, coll'anima gonfia di emozioni che dovevano costituire uno dei pochi bagliori luminosi del suo passato. Ella mi costringeva ad ammettere, anche di fronte a me stessa, che il *mistero* non era piú per me, che non era neanche esistito, che tutto m'era stato rivelato un anno avanti, in quel fosco mattino che credevo quasi obliato...

Verso mia suocera non avevo invece alcun debito di confidenze. Soltanto volevo conquistare lei e i suoi, e non lo credevo difficile. Già mi pareva che essi mi ritenessero differente, d'un metallo piú fine, prezioso, e la cosa li rendesse intimamente orgogliosi. Ai due vecchi sembravo una bimba. Mia cognata doveva invece aver l'intuizione d'una forza celata sotta la mia fragilità, ma una forza probabilmente incapace di divenire ostile. Per tutta la famiglia, del resto, mio marito era senza discussione lo sposo ideale, ben degno di avermi ottenuta.

Trovavo mia suocera, la sera, accoccolata dinanzi al grande camino, la cui fiamma talora illuminava da sola la buia cucina a pianterreno, coll'uscio quasi sempre aperto sull'orto. Coi pomelli arrossati, ella appariva piú giovine nei tratti regolari e salienti del volto, e quasi bella; e mi sorrideva un po' confusa dandomi del *voi*. Anche mio suocero non riusciva a dirmi *tu*. Alto, gigantesco anzi, era un po' scuro e lento nei movimenti. Al mattino era lui che faceva le provviste. "È contenta la signora baronessa?" chiedeva alla figliola. Questa, una zitellona sui trent'anni, trovava sempre da lagnarsi; aveva un temperamento imperioso ed egoista, freddo e lunatico insieme, e dinanzi a lei la madre tremava.

In verità ella aveva, in paese, una noméa di virago ch'io ignoravo, come ignoravo che la famiglia intera non riscuoteva alcuna simpatia. Mio suocero, molto tempo addietro, aveva subíto un processo e una condanna, cosa non rara nel paese. Il figlio mi aveva raccontato una complicata storia di offese e di vendette per dimostrarmi l'innocenza paterna, e la sua commozione m'aveva persuasa. Ora, nella cucina piena d'ombre e di riflessi mi pareva in certi momenti di notare nel vecchio dei gesti impacciati, quasi le pareti si restringessero attorno a lui sino a diventare una cella, il carcere ove egli era stato per due anni... Cosí mite e guardingo, con rarissimi istanti di una giovialità che una volta doveva essere stata la sua natura, mi suscitava sempre una pietà mista a timore.

I rapporti fra i membri della famiglia mi riuscivano strani: a casa mia tutto era piú regolare, piú disciplinato, piú chiaro. Ma ciò che mi faceva invece sentire una specie di fascino in quell'ambiente grossolano era il senso della tradizione, era l'ossequio al costume, era la volontà tenace che incitava quella gente, in certe ore, ad esaltare il vincolo del loro sangue e del loro nome e della loro terra. In mille minute cose, dal modo di preparare una vivanda in una data solennità, sino alla difesa accanita che mia cognata dinanzi ad estranei faceva del fratello, che poco prima aveva a tu per tu malmenato, trovavo un'espressione di vita affatto contraria a quella che aveva foggiato il mio carattere e il mio gusto; contraria, spesso errata – aggiungeva quasi per forza il mio raziocinio – ma non priva di suggestione.

Intanto una specie di torpore m'invadeva. Era come un bisogno d'inazione, di completo abbandono alle cose circostanti. Cosí la mia persona piegava al volere del marito. Progressivamente, delle ripugnanze sorgevano nel mio organismo, ch'io attribuivo ad esaurimento, a stanchezza. Non cercavo di vincer la frigidezza per cui egli si stupiva e, talora, si doleva: mi sarebbe parso inconcepibile un contegno piú espansivo. Unica compiacenza sentirmi desiderata: ma anch'essa spariva dinanzi a rapide visioni disgustose o sotto l'urto di parole volgari o insensate. Chiudevo gli occhi, m'impedivo di pensare e restavo come in letargo.

Poi, mi addormentavo. Quanti anni avevo? Non ancora diciassette... Il sonno era lungo, tranquillo, di fanciulla.

Alle undici del mattino la donna che veniva per la pulizia della casa se n'andava. Preparavo da sola il pranzo e la cena, senza svogliatezza, ma anche senza piacere. E si seguivano le giornate, senza saper come. Tenevo alcuni libri di contabilità per la fabbrica, un lavoro che potevo compiere in casa e che il babbo m'aveva concesso perché m'illudessi di mantenermi in una certa indipendenza; ma non mi occupava che per due, tre ore. Abbonata a qualche giornaletto, leggevo un poco; scrivevo alle amiche ed alle maestre. Il primo mese ebbi la visita di alcune maggiorenti del paese e la ricambiai, infastidita e insieme divertita della mia nuova parte di signora.

Piú soddisfatta ero quando alla sera veniva a trovarci qualche amico di mio marito: dopo aver vantato i pregi della nostra macchinetta pel caffè, quegli passava a far gustare agli ospiti certo vino in fiaschi. Fumavano, bevevano, talvolta uscivano in qualche triviale espressione paesana, dimenticandomi; quando il discorso cadeva sulla politica, partecipavo alla discussione, sentendo cadere un poco la mia timidezza; i contraddittori, su per giú, erano tutti all'altezza intellettuale di mio marito e facili a capitolare davanti alla mia logica.

Qualche altra volta si andava in casa d'un suo parente, capo della frazione democratica, ove convenivano vari borghesi, alcuni con le mogli. Le chiacchiere meschine e pettegole delle donne si alternavano colle discussioni rumorose degli uomini. Mi sentivo guardata dai piú con una specie di diffidenza mal celata, nel ricordo delle eccentricità di quand'ero ragazzina. Una sola persona, un giovane dottore toscano, di recente nominato, che viveva a pensione nella casa stessa di quel nostro parente, avevo sentito dai primi incontri affine a me per lo spirito meditativo, per la correttezza del linguaggio e, parevami, del pensiero. Colto e di vivace intelligenza, doveva considerarmi con una punta di curiosità notando la contraddizione fra la mia vita esteriore e l'anima che sorprendeva forse talora in una fugace ombra su la mia fronte infantile.

Avrei voluto interessarmi alle vicende paesane: ma ero priva ormai di ogni contatto con gli operai, i pescatori, i contadini, e in quanto all'elemento borghese, esso mi appariva piú volgare ancora di quel che avevo supposto: senza dirmelo, temevo che questa volgarità finisse per penetrarmi. Già l'inerzia che possedeva tutte le donne del paese cominciava a parermi, in certo senso, invidiabile. La cura pigra ed empirica dei figlioli, la cucina e la chiesa eran tutta la loro vita. Gli uomini, malgrado l'affettazione di miscredenza, esigevano da esse le pratiche religiose. Lo stesso desiderio inconfessato era forse in mio marito. Quello ch'egli non desiderava, invece, erano i bimbi, e me lo ripeteva spesso. Per egoismo? E io non sentivo ancora sorgere dal fondo del mio essere la brama d'una esistenza nuova che mi appartenesse, mi fosse cara, m'illuminasse la vita.

"Gli amici mi vantano il tuo ingegno, mi dicono che ho una sposina invidiabile...", mi riferiva mio marito. Non ne ero convinta. Avevo bensí l'impressione d'essere giudicata graziosa, e forse bella; ma davanti allo specchio non mi riconoscevo tale affatto, mi trovavo un'aria assonnata, di bimba vecchia. E anche di questo non mi curavo troppo.

Una sola vampata dell'antica fierezza m'assalí una sera, nei primi tempi, mentre stavo ponendo assetto in un piccolo cofano ove mio marito aveva riposto le sue carte, la nostra corrispondenza, qualche ricordo. Che stupore, quando vidi conservate, accanto alle mie, le lettere che sei, otto anni avanti gli aveva scritto la sua prima innamorata, la ragazza, rimasta zitella, di cui incontravo talora per via lo sguardo scintillante d'odio! Non ne lessi che una, senza ortografia, piena di frasi da segretario galante. Egli, accanto alla stufa, sorrideva con una certa fatuità. Continuando a rovistare, altri biglietti piú brevi di donna saltarono fuori. "Sono di quand'ero al reggimento, sai, una figlia di oste..." Ma non gli davo già piú retta; leggevo un telegramma, firmato con un diminutivo femminile; e guardavo la data; l'estate scorsa, durante il nostro fidanzamento...

Lacerai quelle carte in mille pezzi: egli non osò protestare.

Perché non gli credevo, mentre mi andava tessendo tutta una storia? E perché soffrivo a quel modo? Amavo dunque tanto quell'uomo? O, veramente, qualcosa crollava, si sfasciava tutto un edifizio, che la mia buona volontà s'era venuta costruendo?

L'impressione parve dissiparsi in una crisi di lagrime. M'imposi di dimenticare, di non tormentarmi. Checché fosse stato, ora egli era il mio sposo, il mio compagno, colui sul quale doveva agire lentamente ma sicuramente la mia influenza onesta.

Non vedevo piú mio padre, me ne parlava però mio marito, che lo trovava sempre troppo esigente ed aspro, e le mie sorelle, e, qualche volta, la mamma. Egli viveva quasi sempre fuori di casa: della vita dei figliuoli non s'informava piú. La casa era invasa dal terrore quando egli entrava; poi, allorché richiudeva la porta dietro le sue spalle, i ragazzi avevano lo spettacolo di mia madre che s'abbatteva in crisi di pianto e di protesta, obliando la loro presenza. Perfino l'ultima sorellina non riusciva a calmarla, a richiamarla in sé che a fatica, col povero sorriso dolente della boccuccia infantile. L'altra sorella, ormai tredicenne, savia, tranquilla, assumeva quasi senza accorgersene la direzione della casa. Mio fratello usciva con me in frasi violente verso il padre, che non lo mandava a proseguire gli studi in città e l'obbligava ad un lavoro troppo greve in fabbrica. E pareva che tutti fossero nell'attesa d'uno scioglimento funesto.

Io non mi sentivo l'energia di giudicare mio padre. Talvolta avevo, rapidissima, l'impressione d'aver contribuito per la mia triste fatalità a quel naufragio della sua coscienza. Non lo avevo abbandonato, senza tentare un gesto per ritenerlo nella sua casa, presso i fanciulli che erano stati un giorno il suo orgoglio? Forse che a quindici anni avevo il diritto di staccarmi indignata da lui, al quale riconoscevo di dover tutto quanto in me era di buono?

E una parte di questi rimproveri facevo ricadere sulla mamma. La sua debolezza, la sua rinuncia alla lotta mi esacerbavano tanto piú in quanto ero costretta a riconoscermi ora dei punti di contatto con lei nella mia rassegnazione al destino.

Ma la sventurata soffriva atrocemente, e non solo nell'anima. Una terribile crisi fisiologica la sconvolgeva: coglievo degli accenni tra i suoi discorsi slegati, che mi facevano sussultare nelle intime fibre, nella mia sostanza femminile ormai consapevole. E mi pareva che questo stranamente, ora piú che mai, m'impedisse d'essere, per la donna ch'era mia madre, una consolatrice. Ah, ch'io non era davvero la sposa innamorata che ella supponeva, la creatura gioiosa, capace di tutta la pietà per lei che tendeva le mani dietro i beni perduti!

Mio padre... che cosa provava? Che cosa gli diceva il medico che somministrava alla malata pozioni deprimenti e s'affannava a dimostrarle la necessità di mutar vita, di partire, di fidare delle risorse del proprio organismo, nel tempo, nei figli? Anch'egli scongiurava mio padre, come l'infelice stessa, a mentire e aver pietà? Poiché, io lo comprendevo, a questo si era: ella avrebbe accettato l'elemosina del suo affetto anche parteggiato con la rivale.

Sentivo che il babbo non sarebbe tornato indietro. Egli era, a quarantadue anni, al sommo della fortuna materiale, in guerra contro cose ed uomini, animato come non mai dall'aspra volontà di non riconoscersi alcun torto. Non risaliva certo al passato, non si diceva, certo, che un tempo egli avrebbe potuto evitare la sciagura... Soffriva? Aveva qualche lampo di sgomento? Non una parola, non un gesto di lui che m'illuminasse.

Capivo soltanto che l'ostilità ormai aperta di tutto il paese, la rivolta del sentimento pubblico ispirata dall'arciprete, dai *civili* invidiosi, da operai scacciati, esasperavano il suo amor proprio, e che anche il suo atteggiamento di provocazione gli faceva perdere sempre piú il senso della realtà.

E le settimane intanto passavano. Era giunta l'estate senza che quasi me ne accorgessi, torpida qual ero di membra oltre che d'animo.

Una notte fu bussato alla porta. Era mia madre, sorretta da mio suocero, disordinata nelle vesti, con lo sguardo immobile ed emettendo suoni inarticolati. Uscita di casa sua senza che la domestica se ne avvedesse, aveva errato per le vie, forse a lungo, finalmente s'era imbattuta nel vecchio che l'aveva condotta da me. Forse aveva ceduto all'ossessione di andare in cerca di mio padre.

Rimasi come fulminata. Poi immaginai la casa aperta coi fanciulli addormentati, ignari. Dinanzi a quella miseria umana che mi ricercava nel mezzo della notte, ebbi una rivolta selvaggia di tutto l'essere... Tremavo, in preda anch'io alla febbre... E lanciai alla sventurata parole acerbe, folli quasi come le sue... Oh, mia madre!... E per l'amore di un uomo che non la meritava piú!

Mi rivedo, semivestita, in piedi accanto al mio letto, mentre ella appoggiata al muro mi guardava e piangeva sommessa. Il medico, sopraggiunto, le aveva fatto prendere un forte calmante. Ad un certo punto chiese di essere ricondotta presso i suoi bambini. Mi ricoricai. Al buio, nel silenzio, la scena atroce mi si prolungava all'infinito dinanzi alla mente; e sentivo la febbre aumentare, e con la febbre un tumultuoso odio per la vita, un disgusto, una stanchezza senza fine...

Tornò il medico. Un germe di vita nuova, non per anco avvertita nel mio grembo, che m'aveva abbandonata.

# VI

Per molti giorni giacqui inerte, ripetendo piano a me stessa la parola: *mamma*; chiedendomi se avrei amato un essere del mio sangue e sentendo di non poter piangere con passione quel figlio che non avevo potuto formare.

E frattanto un rimorso mi pungeva, qualcosa che mi prostrava, che mi toglieva, ancora una volta, l'amore di me stessa e il gusto della vita. Pensavo a mia madre, al torrente di parole spietate che era uscito dalla mia bocca in quella notte atroce, al passato... Che cos'era stata ella per me? L'avevo io amata?

Non osavo rispondere, mentre io stessa mi consideravo sotto un nuovo aspetto, nella desolazione d'un sogno materno balenatomi d'un tratto e immediatamente svanito. Sentivo di non aver mai contribuito a far felice mia madre, fuorché forse al mio primo apparire tra i due sposi innamorati. Ella, è vero, non entrava come elemento essenziale in nessuno de' miei ricordi luminosi; ma bastava questo a spiegare la indifferenza ch'io avevo avuto nel tempo per la misera anima sofferente?

Tutto il passato, lucidamente, era adesso davanti al mio spirito.

Per diciotto anni l'infelice aveva vissuto nella casa

coniugale. Come moglie, le poche gioie le si erano mutate in infinite pene: come mia madre non aveva mai goduto della riconoscenza delle sue creature.

Il suo cuore non aveva mai trovato la via dell'effusione. Era passata nella vita incompresa da tutti: fanciulla, la sua famiglia la considerava romantica, esaltata e nello stesso tempo inetta, benché fosse la piú intelligente e la piú seria della numerosa figliuolanza. Aveva rotto senza senza rimpianto quasi ogni rapporto con i parenti, antipatici allo sposo. Credente, forse con un misticismo scoraggiante, e senza gusto per le pratiche del culto, la religione non l'aveva sollevata da un solo dolore. Di fantasia viva e calda e di gusto fine, non però s'era mai applicata a nessuna arte, e nessuna manifestazione del genio le aveva suscitato uno speciale fascino traendola fuor di sé stessa per qualche istante. Non una amica, non un consigliere, mai, sulla sua strada. E una salute incerta, un organismo travagliato da lenti mali...

Povera, povera anima! Non le erano valse la bellezza, la bontà, l'intelligenza. La vita le aveva chiesto della forza: non l'aveva.

Amare e sacrificarsi e soccombere! Questo il destino suo e forse di tutte le donne?

Un mese circa era passato dalla mia malattia. Una volta sola avevo rivista l'inferma, un giorno in cui ella era calma e nel quale, fra le altre frasi quasi assennate, m'aveva detto, facendomi fremere: "Ah, se tu avessi avuto un bimbo! Perché non hai avuto un bimbo?" Ella aveva vagheggiato un nipote, una rinnovata maternità!

Poi il medico m'aveva proibito altre visite. Veniva ogni pomeriggio, un momento, mio fratello, o la mia sorella piccola, con l'affanno nella gola e gli occhi dilatati. La mamma non ascoltava piú neppure le loro voci, alternava stravaganze a minacce d'ogni genere: l'infermiera non le era più sufficiente alla sua sorveglianza. La bimba mi scoppiava a piangere fra le braccia; il ragazzo si torturava per non esser più grande, capace di portar lontano la sventurata da colui che non ne aveva alcuna pietà.

Il babbo appariva cupo, impenetrabile, non parlava. E noi tutti continuavamo ad avere per lui un senso di terrore, che ci paralizzava e ci avviliva...

I medici, infine, dichiararono una cura regolare, in una casa di salute. Non si poteva lasciar oltre la malata accanto ai fanciulli spauriti.

La partenza di lei per la vicina città fu infatti per i piccoli infelici, dopo tanti mesi di angoscia, una liberazione. L'immagine dolce e dolente che aveano vista china sui loro letticciuoli negli anni dell'infanzia, erasi trasformata in una figura spettrale, da cui non si sentivano più amati e che temevano di non riuscir più ad amare. Oh, tornasse presto, a cancellare anche l'ombra del sinistro sogno!

Ed io, avrei mai potuto chiederle perdono, dirle la mia pena senza nome per il ricordo di essere stata così disumana, farle sentire come la comprendessi finalmente?

No, mai più la mia voce le sarebbe scesa al cuore: io non avrei più potuto parlare alla mia mamma, lo sentivo, lo sentivo; tutto era finito! Di lei, di quel ch'ella era stata non sarebbe rimasto a noi che la memoria, come un oscuro ammonimento...

Il giro dei giorni e delle settimane ricominciò.

Lentamente mi sollevai dalla prostrazione fisica: l'energia spirituale pareva estinta. Non avevo nessun lamento. Immaginavo, per la sequela di casi tragici che s'era abbattuta su la mia vita breve, di possedere ormai la visione intera del mondo: un carcere strano... Tutto era vano, la gioia e il dolore, lo sforzo e la ribellione: unica nobiltà la rassegnazione.

Non tentavo neppure di dedicarmi alle mie sorelle per attenuare la loro sventura e dare uno scopo immediato alla mia esistenza. Una giovane istitutrice, giunta poco dopo la partenza di nostra madre, cercava di accaparrarsi tutto il loro affetto. Elegante e civettuola, la vedevo malvolentieri occupare il delicato ufficio e pensavo che avrei dovuto lottare perché ella non prendesse troppo ascendente sulle due fanciulle. Ma invece lasciavo che queste si allontanassero con insensibile progressione da me. Il babbo mi ricercava ancor meno. Della assente nessuno pronunciava mai il nome con lui.

Incapace d'ogni indagine, mio marito era soddisfatto della mia tranquillità esteriore, della trasformazione evidente del mio carattere, sempre piú remissivo. Egli rivestiva l'indefinibile suo egoismo con una superficie di tenera sollecitudine. Era una sollecitudine di sole parole, ma serviva ad impedire lo scoppio di malumori, le spiegazioni franche. Pareva che entrambi temessimo di approfondire la realtà e che un patto muto mantenesse i rapporti cordiali e indulgenti. Ma non era propriamente cosí. Egli credeva nella persistenza del mio amore e dal suo canto penso m'amasse un po' come una cosa sua, una proprietà, o se l'imponesse secondo un'idea convenzionale del dovere. Io lusingavo il suo amor proprio colla mia bellezza che rifioriva, colla mia intelligenza, colla calma e coll'ubbidienza ai suoi capricci gelosi di cui non mi offendevo, sorridendone. Se una causa di malcontento gli davo, risiedeva nella insofferenza sempre piú acuta dei miei sensi ad ogni tentativo di perversione. Ignorante piú ancor che brutale, egli non si spiegava il fatto e si tormentava, mentre io non badavo che a difendermi.

E i giorni, le settimane scorrevano. Quel tempo, nonostante i ricordi emergenti qua e là, resta il piú confuso della mia vita, il piú indecifrabile: ho solo precisa la sensazione che qualcosa, non so che cosa, mi difendesse dalle amarezze e dagli scoramenti irrimediabili, m'imponesse di continuare a vivere cosí, automaticamente, con una oscura alterezza per la mia silenziosa acquiescenza al destino... La memoria de' miei anni infantili era un'oasi cui talora ricorrevo. Ma dopo quella, sorgeva immancabilmente l'immagine della donna dolorosa nel tragico asilo, quale l'avevo vista la prima volta, poche settimane dopo la sua partenza: e provavo un brivido subitaneo, quasi la sensazione di chi, smarrito su un ghiacciaio, sente le oscillazioni d'una corda che lo lega ad un compagno precipitato nell'abisso. Oh la voce di mia madre, già diversa, che diceva cose incoerenti! E l'immenso casamento dal quale si elevava un brusío confuso di risa e di singhiozzi, come l'eco d'una folla in tempesta che un muro dividesse dal resto del mondo; i vasti corridoi deserti, lungo i quali strisciavano le infermiere con mazzi di chiavi alla cintola, mentre agli usci s'affacciavano talora figure fuggevoli dai grandi occhi sbarrati e dalle bocche sorridenti, fantasmi d'una vita occulta; e infine la stanza bianca colle sue inferriate, alle quali mia madre si afferrava chiamando a nome la città che si stendeva lontana e bellissima nel sole, come un bimbo chiama a sé il lago e il bosco! Ero uscita dal recinto di dolore con un tremito interno, senza poter piangere né parlare, sentendo una sofferenza fisica che mi prostrava e rivoltava insieme, qualcosa di oscuro e d'inesprimibile, come un desiderio sconfinato di evasione: evadere dalla vita, smarrire la strada che conduce al porto della pazzia...

Un anno, cosí, avvolto di nebbia tetra. Poi... Poi il palpito in me d'una nuova vita, e l'attesa ineffabile...

Dapprima era stato un senso di timore, quasi di terrore: il dubbio inespresso ma tormentoso sull'intima eredità che mio figlio avrebbe avuto da me e dal mio compagno... E altre preoccupazioni meno profonde ma pur gravi, sull'avvenire materiale che ci si preparava, sulle mie attitudini alla maternità...

Questa prima impressione sparí presto. Osai guardare il futuro, accettarlo con un coraggio tanto piú forte in quanto persisteva in me una malinconia profonda, quale non provai forse mai piú in nessun altro periodo della mia vita. Lentamente ascoltai in me destarsi gli istinti di madre; sentii che mi sarei votata a quel piccolo essere che si formava nel mistero, sentii che l'avrei amato con tutto l'amore che non avevo dato ancora a creatura. E una gioia silenziosa ed austera mi fiorí nell'anima, irrorata dalle prime lagrime dolci della mia vita. Avevo, alfine, uno scopo nell'esistenza, un dovere evidente. Non solo mio figlio doveva nascere e vivere, ma doveva essere il piú sano, il piú bello, il piú buono, il piú grande, il piú felice. Io gli avrei dato tutto il mio sangue, tutta la mia giovinezza, tutti i miei sogni: per lui avrei studiato, sarei diventata io stessa la migliore.

Mio marito, dopo un malumore che gli sparí in breve, seguiva il mio stato con tenerezza. Lo trovavo buono, avvertivo in lui già forte l'amore di padre, un amore tutto d'istinto, senza preoccupazione veruna della responsabilità che s'iniziava per entrambi.

Sua madre, per cui le nostre nozze semplicemente civili erano state come un incubo, mi aveva per prima cosa scongiurato di fare "un cristiano" del bimbo, ed io glie l'avevo promesso, ricordandomi che a mia madre era stata fatta dal babbo la stessa concessione per noi figliuoli. Ma le avevo anche dichiarato che non avrei potuto tollerare ingerenze sue o di sua figlia nell'allevamento del bimbo, cui non volevo infliggere certi usi barbari ancor vigenti nel luogo, né procurare fin dalla culla amuleti e fasce e pericolosi impacci protettivi. Al che mi rispondeva con una baldanza che contrastava colla consueta sua timidezza: "Dieci figli ho avuto ed allattato io!"

Di quei dieci, sei erano morti nell'infanzia, e i sopravissuti potevano dirsi fortunati. Ella mi sosteneva che i bambini devono attraversare cinque o sei malattie, nelle quali Dio spesso se li prende per formarne degli angeli.

Povera vecchia! Mi aiutava a tagliare e imbastire camiciuole e corpettini, e godeva in quel lavoro, nella pace della nostra saletta, un benessere dolce che l'inteneriva e di cui si reputava forse indegna come tutti coloro che avendo sofferto lungo l'intera vita si son convinti di non essere stati creati per la felicità. E la sventura stava per colpirla ancora una volta.

Contemporaneamente si posero a letto mio suocero e mio marito, l'uno per un reumatismo a lungo trascurato, l'altro per una forte angina. Benché il caso del vecchio non apparisse di eccezionale importanza, la moglie e la figlia furono trattenute al suo capezzale ed io mi trovai sola ad assistere mio marito, il cui male progrediva rapidamente. Una notte mi parve che il respiro gli mancasse; il medico accorso fece un atto disperato; il male aveva assunto tutti i caratteri della difterite: non seppe nascondermelo, malgrado il mio stato; ma io mi sentivo animata dalla volontà di non pregiudicare in alcun modo la vita della creatura che palpitava nel mio grembo. Restai calma, col cuore fiducioso, lasciando il malato nell'ignoranza della vera sua condizione, assistendolo senza riposo, come certa che il dovere cosí adempiuto non avrebbe potuto essere fatale.

La malattia si risolse in pochi giorni dopo i quali soltanto il convalescente apprese il pericolo dal quale era scampato. Non ebbe tempo di allietarsene. Suo padre s'era aggravato: in capo a due settimane spirò.

Era la prima volta che la morte passava, portandosi via un'esistenza a me prossima, ma l'anima mia non fu colpita: forse ero all'estremo delle mie forze, tutte le facoltà dominanti tese verso l'evento che avrebbe fissato la mia vita.

Appresi la rettorica del lutto. Mio marito e mia cognata, che non avevano mai dopo l'infanzia sorriso al loro padre, che non l'avevano considerato se non come il detentore d'un denaro comune, proclamarono un dolore atroce, credettero forse per qualche tempo di soffrire indicibilmente.

Ripensai in quella circostanza ad alcune considerazioni che avevo ascoltate piú volte da mio padre. Nel paese regnava una grande ipocrisia. In realtà i genitori, sia fra i borghesi, sia fra gli operai, venivano sfruttati e maltrattati dai figli, tranquillamente; molte madri sopra tutto subivano sevizie in silenzio. Non una moglie era sincera col marito nel rendiconto delle spese, non un uomo portava intero a casa il suo guadagno. Poche coppie mantenevano la fedeltà reciproca, e di parecchi signori s'indicava l'amante in qualche donna che viveva sola, o con un marito, su cespiti inconfessabili. Poco tempo prima, un feroce parricidio aveva funestato una casa: il figlio aveva colto suo padre con la propria moglie. Molte ragazze si vendevano, senza la costrizione della fame, per la smania di qualche ornamento; a quattordici anni nessuna rimaneva ancora del tutto ignara. Ma restavano in casa, ostentando il candore, sfidando il paese a portar prove contro la loro onestà. L'ipocrisia era stimata una virtù. Guai a parlare contro la santità del matrimonio e il principio della autorità paterna! Guai se alcuno si attentava pubblicamente a mostrarsi qual era!

Per questo mio padre era stato condannato selvaggiamente, e odiato da quel pugno di persone cosí inferiori a lui. Per questo egli aveva avuto una ribellione che l'aveva spinto sempre piú oltre.

E mio figlio nascerà in quell'ambiente!

Lo attesi in un raccoglimento severo, allontanando con energia ogni assalto di pessimismo, moltiplicando i preparativi minuziosi, consapevole e commossa della dignità che rivestivo in quell'ora suprema. Avevo accanto l'immagine di mia madre costantemente; di mia madre giovane negli anni lontani ed ignoti della mia prima infanzia: sentivo nell'anima il calore di quell'affetto che doveva essersi riversato su me con la stessa forza con cui il mio cuore circondava amorosamente l'atteso...

# VII

Quando, alla luce incerta di un'alba piovosa d'aprile, posi per la prima volta le labbra sulla testina di mio figlio, mi parve che la vita assumesse a' miei occhi un aspetto celestiale, che la bontà entrasse in me, che io divenissi un atomo dell'Infinito, un atomo felice, incapace di pensare e di parlare, sciolto dal passato e dall'avvenire, abbandonato nel Mistero radioso. Due lagrime mi si fermarono nelle pupille. Io stringevo fra le braccia la mia creatura, viva, viva, viva! Era il mio sangue in essa, e il mio spirito: ella era tutta me stessa, di già, e pur mi esigeva tutta, ancora e per sempre: le donavo una seconda volta la vita colla promessa, coll'offerta della mia, in quel lungo bacio lieve, come un suggello ideale.

Vidi mio marito lagrimare di gioia, gli sorrisi, mi assopii... Piú tardi, riposata, composta in lini freschi, ricordo d'aver sorriso alle mie sorelle accorse, ricordo di aver gettato uno sguardo sullo specchio che l'una di esse mi porgeva, e d'aver scorto il roseo delle mie guance, lo splendore degli occhi, il candore della fronte; un'immagine bella di maternità. A mio padre pure sopraggiunto, il medico narrava le fasi del parto: le prime doglie alle due di notte, il rapido progresso della crisi, una mezz'ora di sofferenza, l'ultimo spasimo, e infine il sollievo, il primo vagito del bambino eccezionalmente robusto, perfetto di forme. Le frasi mi giungevano come il racconto di un fatto lontano di cui i miei sensi non serbassero che un fievole ricordo. Sí, il mio corpo era sto avvolto da spire di fuoco, la mia fronte s'era coperta di un sudore gelato, io ero divenuta – per un attimo? per un'eternità? – un povero essere implorante pietà, dimentico di tutto, le mani convulsamente aggrappate ad immaginari sostegni nel vuoto, la voce cambiata in rantolo; sí, io avevo creduto d'entrare nella morte nel punto in cui mio figlio entrava nel mondo, avevo gettato un urlo di rivolta in nome della mia carne lacerata, delle mie viscere divorate, della mia coscienza naufragante... Quando tutto questo? Prima, prima! Prima di sentirmi mamma, prima di veder gli occhi del mio piccino; ed era come se nulla fosse avvenuto, poiché io avevo ora lí nel mio letto il tepido corpicciuolo avvolto nelle fasce, poiché mi sentivo un benessere delizioso per tutte le membra, poiché il domani avrei dato il seno a quella boccuccia da cui usciva un suono che mi faceva ridere e piangere...

Avrei potuto allattare la mia creatura? Durante l'intero periodo della gravidanza era stata questa la mia preoccupazione piú insistente; anche la sera innanzi mi ero detta che avrei voluto soffrire ancora altri giorni, ma esser certa di poter io allevare il bimbo. Cosí, quando scorsi la piccola bocca succhiare avidamente, e ascoltai la gola ingoiare il liquido che sgorgava dal mio petto, e poi vidi il viso soddisfatto addormentarmisi sul seno, ebbi una nuova crisi di commozione ineffabile. Per una settimana vissi come in un sogno grandioso, in una pienezza d'energia spirituale che m'impediva di sentirmi estenuata, che mi dava l'illusione d'avviarmi al dominio della vita. Nelle ore in cui il piccino dormiva nella sua culla bianca accanto a me, e il silenzio e la penombra regnavano nella camera, io abbandonavo la briglia alla fantasia, ed era nella mia mente un avvicendarsi di due distinti progetti: l'uno che riguardava mio figlio, che riassumeva la visione di tutti i mesi precedenti la nascita, che mi delineava la grave dolcezza del mio còmpito di nutrice, di maestra, di compagna; l'altro, che costituiva il primo invincibile impulso verso l'estrinsecazione artistica di quanto mi commuoveva ora, mi riempiva di sensazioni distinte, rapide, nuove ed ineffabili. Si svolgeva nel mio cervello il piano d'un libro; pensavo di scriverlo appena rinvigorita, nelle lunghe ore di riposo presso la culla. E talora, in dormiveglia, sorridevo ad immagini di gloria.

La settima od ottava notte dopo la nascita, mentre rivolgevo al poppante sommesse parole di tenerezza, vidi il volto puerile atteggiarsi ad un sorriso; un sorriso lungo, pieno, splendente, miracoloso: mi produsse una sensazione cosí intensa, che credetti svenire.

Non posi fede al dottore, il mattino seguente, mentre mi diceva che quel sorriso non poteva essere se non una contrazione muscolare, assolutamente inconscia, prodotta soltanto dal benessere fisiologico di cui il bimbo godeva in quel momento di sazietà e di riposo. Era cosí soave pensare che fra me e la mia creatura esistesse di già una corrente di simpatia, e che, nel mistero della notte, col mio solo viso amoroso negli occhi, il bimbo affermasse di già la sua vita di piccolo uomo!

Il dottore mi guardava affettuosamente; mi raccomandò di non esaltarmi, sopra tutto di non inquietarmi, come principiavo a fare, sembrandomi che il piccolo dimagrisse; mi assicurò ancor una volta che il mio latte era sufficiente e che non dovevo temer di nulla.

Passai la giornata scaldandomi il cuore all'evocazione di quel sorriso notturno, che m'era apparso come un preludio di gaudî che mio figlio mi avrebbe dati nel tempo.

La sera vennero le mie sorelle coll'istitutrice a trovarmi. Conversavo con esse lietamente, quasi effondendo il mio intimo contento, quando sopraggiunse mia cognata. Senza mostrar d'avvedersi delle astanti, e dopo aver baciato il nipote, ella restò in piedi, con il volto arcigno, muta. Le altre, dopo essersi scambiato uno sguardo, proseguirono tranquillamente la conversazione e andandosene, dopo un poco, non piegarono che lievemente il capo dalla parte ove stava la bisbetica indomabile. Questa non lasciò neppure che chiudessero l'uscio; si avvicinò come una furia verso di me, con una valanga d'improperi al loro indirizzo. Era un vecchio rancore quello che ella sentiva verso le mie sorelle, che non andavano mai a farle visita: ma non mi si era ancora rivelato intero cosí. Mio marito intervenne fiaccamente; io non potei che rispondere qualche frase di sprezzo, mentre mi abbandonavo sui guanciali, sentendomi la febbre montare nelle vene, e staccavo il bambino dal petto, dietro esortazione sommessa della servente impensierita. A lungo la donna fuori di sé parlò, parlò, inviperendo... Allorché se ne fu andata, mi trovai esausta, semisvenuta, incapace finanche di rimproverar mio marito, di dirgli il mio stato... La notte il bambino pianse, insoddisfatto del nutrimento; nella sua visita mattutina il dottore mi trovò mentre lasciavo scendere sul volto di mio figlio vanamente attaccato al seno alcune lagrime disperate.

Non avevo piú latte. Invano per quindici giorni tentai affannosamente ogni rimedio, ogni regime, non vivendo piú che nell'idea fissa di voler io, io sola allevare mio figlio, a ogni costo. L'energia che mi aveva sostenuta fin lí pareva abbandonarmi: piangevo, piangevo piano, come una bimba, guardando il seno che non mi s'inturgidiva, verificando desolatamente ad ogni pesatura che il piccolino diminuiva, cercando rassegnarmi al pensiero di veder quella testina appoggiata ad un altro petto. Era un dolore nuovo, fisico oltre che morale, qualcosa che mi struggeva, che recideva in me tutta la magnifica fioritura di sogni spuntata dinanzi alla culla bianca; qualcosa che respingevo coll'indignazione del moribondo giovane, come una mostruosa ingiustizia...

Dovetti cedere, per non far morire la creaturina. Ottenni che la balia restasse in casa, che mio figlio dormisse accanto a me. La giovane che mi surrogò credo di averla odiata, col suo viso stupidamente classico e i suoi movimenti pesanti, goffi; ma, non aveva neppur lei sufficiente latte per il piccolo ingordo che aveva patito la fame. Dopo una settimana venne a sua volta sostituita. La nuova nutrice, d'aspetto umile, dallo sguardo tranquillo e buono, mi calmò alfine l'ansia per la salute del bimbo. Intuendo la mia gelosia, la povera donnina si difendeva dalla tentazione di baciare la creatura cui ella dava il suo sangue, e tendeva tutte le facoltà del suo intelletto per non trasgredire le mie norme. Potei cosí vincere alquanto il mio spasimo, rassegnarmi a dirigere l'opera che non potevo compiere, e a ristabilire il mio organismo straordinariamente scosso. Mi rivedo tutta bianca nel vestito e nel viso, sprofondata nella poltrona; tentando riscaldarmi al sole di maggio, ascoltando distrattamente i discorsi del medico, la sola persona che quasi ogni giorno portava nella mia vita un filo di fraternità spirituale. L'anemia s'era impadronita di me e non m'avrebbe piú lasciata. Non me ne preoccupavo; ma i nervi se ne risentivano, sempre dolorosamente tesi. L'igiene del piccino m'era come un'ossessione, poiché la spingevo agli eccessi; dovevo mostrarmi d'un'esigenza quasi crudele colla balia, malgrado le fossi, in certi momenti di serenità, intensamente grata. Mio figlio cresceva come un fiore fra le due madri. Ora per ora sentivo di amarlo in modo sempre piú delirante, comprendendo di aver accumulato in lui tutta la mia sostanza profonda. La mia vita si concentrava su quel piccolo essere.

Non notavo che mio marito m'era diventato affatto indifferente e che il mio spirito aveva cessato di occuparsene. L'indulgenza a suo riguardo era divenuta una forma d'abitudine. Egli era il padre della mia creatura, l'uomo che un giorno mio figlio avrebbe dovuto rispettare, ed io agivo verso gli altri ispirata dalla volontà di mantenere l'illusione intorno alla persona morale di lui, di farlo apparire degno di me, degno della sua paternità. Gli ero grata quando lo vedevo commuoversi ed allietarsi per qualche piccolo progresso del bimbo, quando partecipava in un certo grado alle mie incessanti apprensioni e sopportava, oltre ai fastidi notturni, le mie lagnanze contro tutto ciò che non era il sorriso di mio figlio. `

Come se una jettatura pesasse sull'allevamento del piccino, verso il quinto mese alla nutrice morí una figlia e scemò il latte. Entrò in casa una nuova donna, bruna, sanguigna, formosa, di carattere opposto a quella che se ne andava. Non ho mai incontrato un temperamento piú bislacco, assurdo e imperturbabile. Per mesi e mesi, mentre il bimbo sviluppava deliziosamente le sue grazie e le sue forze, io sostenni una lotta continua contro i miei impulsi per sopportare quella contadina che aveva un riso sonoro e fatuo nell'ossequio come nell'impertinenza, un riso che mi feriva sopra tutto quando quando lo vedevo scoppiare ad un palmo di distanza dalla faccina di mio figlio. .

Mio marito, rimproverandomi, acuiva la mia amarezza: non comprendeva che i difetti di quella donna m'irritavano in quanto deformavano la seconda madre ch'io volevo che lei fosse per mio figlio?... Temevo, sopra tutto, che il bimbo potesse, col latte, succhiare i germi di quella natura goffa e biliosa. E vedendo mio marito insistere nel difenderla, mi attraversò la mente un sospetto che mi offendeva in quanto avevo di piú sacro.

Tanto orrore m'incuteva quel sospetto, che rifuggii con tutte le mie forze dal verificarlo. In verità, al di fuori della somma di energie ch'io spendevo attorno al bambino, era in me un'incapacità sempre maggiore di vedere, di volere, di vivere: come una stanchezza morale si sovrapponeva a quella fisica, lo scontento di me stessa, il rimprovero della parte migliore di me che avevo trascurata, di quel mio io profondo e sincero, cosí a lungo represso, mascherato. Non era un'infermità, era la deficienza fondamentale della mia vita che si faceva sentire. In me la madre non s'integrava nella donna: e le gioie e le pene purissime in essenza che mi venivano da quella cosa palpitante e rosea, contrastavano con un'instabilità, un'alterazione di languori e di esaltamenti, di desiderii e di sconforti, di cui non conoscevo l'origine e che mi facevano giudicare da me stessa un essere squilibrato e incompleto.

# VIII

Su un libriccino segnavo le date maggiori dell'esistenza fragile e preziosa della quale vivevo e che respiravo come se fosse stata la sola aria per me vitale. Quegli appunti, insieme a qualche notazione rapida del primo destarsi dell'intelligenza nel bimbo e delle impressioni varie che ne risentivo, sono il primo esordio di scrittrice.

Rivedo il corpicino di mio figlio ignudo nel bagno, sorretto dalle mie mani trepide: bello, di una bellezza perfetta che condideravo senza orgoglio, con timore, immaginando possibili deformazioni, chiedendomi se avrei amato quella creatura quando avesse recato qualche marchio d'infelicità, e dicendomi che le avrei fatta bella la vita in qualsiasi condizione. Rivedo lo sguardo di lui, inesprimibile: uno sguardo luminoso come un lembo di cielo azzurro; e la bocca deliziosamente fiorita, e la testina coperta di fini capelli castani, e le mani irrequiete, prepotenti, sempre occupate. E vedo me stessa china sulla sua culla per ore e ore, di giorno e di notte, spesso affranta, col petto gonfio di una gioia grave, quasi mistica. Ero necessaria a mio figlio quanto egli a me; la mia vigilanza perenne faceva di lui un superbo esemplare d'infanzia fortunata; ero ben io che lo portavo avanti, senza posa, io sola, ostinatamente.

Egli mi apparteneva, perché io sola me gli davo; suo padre, sua nonna, tutti gli altri godevano lo spettacolo; ma io ero l'autrice; da me sola avrebbe dovuto riconoscere tutto ciò in avvenire.

La balia se ne andò prima che il bimbo compisse l'anno. La primavera e l'estate mi videro scaldarmi al sole insieme alla mia creatura. Sostenevo il piccino nel suo sgambettío tentennante, poi lo prendevo in braccio, lo portavo attraverso i campi o in riva al mare, a lungo, ansando talvolta e sorridendo insieme per la fatica. Che cosa ci dicevamo mio figlio ed io, dalla mattina alla sera? Chi sa! Egli chiamava: Mamma! ed io dovevo rispondergli palpitando. Talora scrivevo tenendolo in grembo, lettere ad amiche, cifre per gli operai; o leggevo adagiata accanto a lui su un tappeto, fra i piú strani oggetti. Negli occhi turchino cupi, vellutati fra le ciglia lunghe, splendeva a tratti un lampo di furberia, la coscienza dell'onnipotente sua volontà; e in me capitolavano tutte le energie, io non sapeva piú esiger nulla da chi mi guardava con tale adorabile malizia.

Mia suocera aveva cessato di brontolare perché non eseguivo la sue magiche ricette contro il malocchio e una quantità d'altri pericoli. Quando veniva a trovarmi, piú piccola e sfinita nell'abito da lutto, il volto le si accendeva fugacemente scorgendo le grazie del nipotino. In paese si diceva ch'ella subisse ora chi sa quali maltrattamenti dalla figlia. Non si lagnava, ma era sempre piú curva, piú silenziosa: quali ombre di pensieri amari dovevano svolgersele nella mente?

Il bimbo aveva alquanto ravvivati i rapporti miei con le mie sorelle e mio fratello. L'istitutrice, partita da casa loro per un migliore impiego, non era stata sostituita. Ogni due mesi si andava a trovare nostra madre, che ormai non chiedeva piú di tornare con noi, s'interessava sempre meno alle nostre frasi tremanti, acquistava progressivamente, con una pinguedine che impensieriva i medici, un linguaggio ed un'espressione infantili. Le figliole principiavano a sentire intera la loro solitudine morale, e formular dei rimproveri concreti contro la condotta paterna. Ma si effondevano poco con me. Dovevano pensare che non ero felice: anche compiangendomi però, mi reputavano certo un essere poco sensibile. Ne soffrivo, ma non trovavo la forza di disingannarle, di conquistarle.

Qualche volta incontravo il babbo, non curante che di arricchire dacché aveva preso in affitto la fabbrica, senza un pensiero per l'abbandono in cui si trovavano i figli malgrado l'agiatezza crescente che li circondava. Guardava il mio piccolo come una graziosa bestiuola. Di mio marito continuava ad esser mediocremente soddisfatto, pur avendolo elevato a vicedirettore. Alla vita del paese era divenuto del tutto estraneo; nelle sue critiche era troppa acredine perché potessi rilevarne come in passato le note giuste; e tuttavia parlando con lui mi sentivo sempre portare come in un cerchio piú spazioso d'idee, sí che tornando nelle mie stanzuccie avevo l'impressione di ripiombare in un pozzo angusto, soffocante. Neppure le conversazioni coll'amico dottore mi facevano un tal effetto di eccitare quanto v'era in me di piú originale e forte.

Col dottore, pur divertendomi a discutere le sue opinioni temperate e in parte pessimiste, restavo perplessa, e spesso sconcertata. La nostra simpatia aveva forse radici in una differenza sostanziale della nostra educazione e in una somiglianza altrettanto profonda dei nostri gusti; ma io non possedevo me stessa intera ed egli non era lo spirito atto a suscitare una certezza nella mia anima.

D'altronde, che cosa pensava egli veramente di me? Come di fronte agli altri, anche di fronte a lui non avrei voluto apparire donna da compiangersi.

Sempre piú gravosa intanto mi riusciva la missione

che m'ero imposta verso mio marito. Ora anche il suo affetto egoistico mi pareva intepidito. Nuovi sospetti sulla sua fedeltà mi erano sorti a proposito d'una bella e sfrontata operaia, ch'egli aveva difeso presso mio padre a torto. Per altro, l'istinto geloso perdurava in lui e si manifestava in modo sempre piú tirannico.

Un giorno non so piú bene dietro qual bisticcio futile, lo vidi per la prima volta montare in furore, gettarsi su un vestito nuovo che stavo per indossare, e lacerarlo... Mi parve di venir io stessa malmenata. Egli si riprese tosto, tentò di scusarsi. Volli dimenticare, non dar importanza all'incidente...

Lo guardavo talora, sempre sicuro di sé, pago intimamente della sua situazione, debole e pauroso di fronte ai superiori e alla folla, privo di ogni intuizione, inetto nella carezza come nel rimprovero, inutile, estraneo alla mia vita. Egli non sentiva il mio esame, ed io riportavo lo sguardo su mio figlio, obliando istantaneamente il gelo ed il terrore di quell'involontaria analisi, scaldandomi e tranquillandomi al suo sorriso.

Sopraggiungendo l'inverno riprendemmo, una, due volte per settimana, le veglie in casa del nostro parente. Vi convenivano regolarmente, oltre al dottore, qualche commerciante ammogliato, il segretario comunale, un maestro con alcune figliuole e qualche volta mio fratello e un suo amico studente quasi sempre in vacanza: talora nello stanzone s'era piú di venti ad ascoltar le canzonette napoletane del segretario fra un pettegolezzo, una disputa e un ragionamento sbilenco.

Mia cognata non mancava mai. Notavo in lei con un certo stupore delle velleità d'eleganza e come una preoccupazione di civetteria dacché aveva smesso il lutto. Si mostrava apertamente invidiosa delle ragazze piú giovani di lei, e un poco piú raffinate. Ma nessuno, per buona sorte, le badava troppo: solo il dottore, che l'aveva curata pochi mesi avanti per un'ostinata nevralgia, le lanciava qualche satira, con un sorriso fine, ed ella chinava il capo stranamente confusa e non ribatteva.

Il dottore mi mostrava la sua compiacenza nel vedermi partecipare a quelle riunioni serali ove pur tante cose mi urtavano. Ero così priva di distrazioni, che mi ci recavo abbastanza volentieri. Mi sentivo circondata, ora, da un rispetto che mi lusingava, venendo da individui generalmente sprezzanti verso la donna; più che la fama di geloso che mio marito s'era acquistata, era certo il mio aspetto di bimba pensosa e gentile, così differente dal tipo femminile del luogo, che frenava la parola e il pensiero di tutti quegli uomini, obbligandoli ad estrarre alla luce quanto di meno volgare ognuno possedeva.

Una sera, mentre il segretario suonava, vidi ad un tratto fissi sui miei, acutamente, singolarmente, gli occhi di uno della comitiva, seduto di fronte a me. Era un forestiero, come in paese chiamavano tutti coloro non nati lí. Egli diceva d'esser vissuto, sino a tre anni avanti, sempre all'estero un po' qua un po' là, per gusto d'avventure. Sapeva infatti parecchie lingue ed era certo, dopo il dottore, il più intelligente ed istruito di quanti conoscevo in paese. Viveva di una piccola rendita, con la moglie e un bambino dell'età stessa del mio, bellissimo.

Da poche settimane soltanto le relazioni tra le nostre due famiglie s'erano annodate: la giovane m'era apparsa alquanto ambigua, con un'espressione leggermente sarcastica su un pallido volto di consunta. Quanto all'uomo, di trent'anni, di media statura ma di forme atletiche, biondo, con una singolare voce calma e metallica, corretto nei modi ma impenetrabile nello sguardo, non mi suscitava interessamento speciale. Non avevo di lui alcuna opinione precisa, come del resto non ne avevano gli altri suoi conoscenti, perché solo da poco egli s'era stabilito in paese, ove l'aria pareva dovesse giovare alla moglie.

Sotto il suo sguardo trasalii. Che voleva quell'uomo? Mi pareva che sorridesse in modo enigmatico, per la soddisfazione d'avermi fatto notare la sua occhiata, forse; e mi sentivo come schiaffeggiata da quel muto riso. Ma una sorta d'ipnotismo mi obbligò a ricercare di nuovo le sue pupille; non sorridevano piú; erano cupe, imperiose, ardenti.

Quella notte mi coricai con una sorda agitazione nell'anima, quasi che un nemico mi avesse dichiarata una guerra dal motivo e dall'esito ignoti. Per la prima volta dacché ero maritata, un uomo a due passi da me ardiva di guardarmi in tal modo, come obliando la mia fama di alterezza e di austerità. E la sorpresa era pari all'indignazione.

Per alcune sere fui perseguitata da quegli occhi azzurro chiari, implacabili, ma che via via perdevano l'espressione di comando che mi aveva sgomentata, per assumere una dolcezza grande, quasi un'estasi di sogno. Colui parlava poco abitualmente, potendo si isolava dall'uno o dall'altro gruppo, e dall'angolo in cui si poneva mi fissava lungamente, non scorto che da me. Al momento dei saluti, tratteneva un istante in piú del necessario la mia mano nella sua, in silenzio. Facevo con mio marito la strada fino a casa, nel rigore della notte invernale, fantasticando. A casa trovavo il bimbo addormentato, e a guardia di lui una donna di servizio, sfinita, che se ne andava subito verso la sua catapecchia. Una rapida punta al cuore. E sotto le lenzuola invocavo ansiosamente il sonno.

Al mattino, mi rialzavo col capo greve. Di là dei vetri della sala da pranzo scorgevo talora, giú nella strada, passar lenta una figura, che non mi salutava e mi guardava. Un attimo; e lasciavo la finestra. Mi ponevo a giocar col bimbo. La sera, prima di uscire, mi fermavo davanti allo specchio, come non avevo mai fatto.

Nel nostro convegno le tre famiglie del maestro sussurravano spesso a bassa voce tra loro quando mia cognata ascoltava il dottore con aria estatica. Mio fratello una volta, scorgendole in quell'atteggiamento, mi disse ridendo, a bassa voce: "Il segreto di tua cognata diventa quello di Pulcinella... Non ha da esser fiero il dottore della sua conquista!..." Avrei voluto chiedergli spiegazione e non osai. Che intendeva dire? Che rapporti potevano esistere fra il mio amico e quella creatura? Restai perplessa, mentre mi cresceva ad un tratto l'oscuro senso di malessere. E mi sentii più sola, inosservata fuor che da quell'unico...

Ormai non potevo ignorare il proposito di quell'uomo; io gli piacevo e voleva mostrarmelo. Poi?... Che attendeva, che immaginava? Talora, a notte, tornando dal consueto ritrovo e accompagnandoci per un tratto di strada insieme a sua moglie, egli mi gettava al disopra delle spalle di questa, piccolina, il suo sguardo penetrante, e io non distoglievo il mio che dopo un attimo, e per considerare le altre due figure che mi camminavano a lato, ignare. Mi chiedevo: "Dove vai? Sei tu, tu che accetti questo?"

Un semplice atto di energia sarebbe bastato, sí. Il pensiero di quell'uomo entrava ormai in tutte le occupazioni della mia giornata, le metteva tutte in seconda linea; financo mio figlio non valeva a liberarmi dall'ossessione; ma non era un pensiero appassionato, neppure simpatico. Il mio cuore non batteva, non poteva battere per chi mi era quasi sconosciuto, per chi non vedeva in me, certo, che un fiore degno d'essere carpito all'indifferente proprietario... E colui doveva ben dirsi che il gioco non poteva prolungarsi molto.

Il capo d'anno passò: ricevetti, un dí che mio marito era assente dal paese, una lettera. Mi si pregava di una parola che convalidasse le speranze nate in un cuore in cui l'amore e il dolore tumultuavano. Sorrisi. Le frasi non mi persuadevano, e vidi annunziarsi l'atteso scioglimento. Perché risposi?

Risposi, non rammento in quali termini, che quel cuore doveva riconquistare virilmente la calma, fugare le ombre d'un sogno, perdonare a chi aveva lasciato forse che vi spuntassero vane speranze per biasimevole debolezza... Era uno scritto sincero, con una punta d'ironia che non escludeva il sentimento della pietà per l'aridezza di entrambi; doveva balenarvi qualcosa di stanco e di amaro, traverso la rassegnazione al destino. Rileggendolo, prima di spedirlo, mi parve di aver scritto per me sola, d'aver sintetizzato la mia anima, e come uno sfacelo avvenne in me; io compresi per la prima volta tutto l'orrore della mia solitudine, sentii il gelo de' miei vent'anni privi d'amore, e piansi un lungo pianto desolato e selvaggio, cessato il quale seppi la misura della mia miseria.

Spedita questa risposta, per qualche giorno restai in casa, lieta e triste insieme di non ricevere piú segno di vita da chi, senza saperlo, mi aveva fatto gettare un tale sguardo su di me stessa e mi aveva strappata una cosí disperata confidenza. Quell'immagine intanto non mi lasciava, ed io mi sentivo a grado a grado invadere da un languore mortale, che non era piú rassegnazione e non era ancora ribellione, ma semplicemente l'ansia di qualche catastrofe impensata che mi togliesse alla coscienza del mio male.

Il suo silenzio mi divenne presto insostenibile. Dopo qualche sera tornai alla casa del nostro parente. Appena entrata vidi il volto temuto, che impallidiva leggermente, mentre gli occhi evitavano i miei; piú tardi sentii la voce un po' affiochita dire d'un malessere provato nei giorni precedenti. Al mattino dopo, con un sotterfugio, mi pervenne una seconda lettera. Era violenta. Mi diceva che l'amore non si doma, che la passione non si dissimula: nulla aveva da perdonarmi, ma tutto da implorare, ancora, sempre, per me, per il mio diritto alla felicità, piú ancora che per sé, indegno...

Era tattica sapiente, o il caso? Era colui un abile conoscitore e calcolatore, o io attraversavo una crisi durante la quale una voce qualsiasi di riscossa era irresistibile?

Che cosa replicassi non lo so piú. Mi sfogavo, certo, mi lagnavo miseramente, mi abbandonavo alla dolce fede di essere compresa, di aver trovata un'anima fraterna sotto apparenze taciturne. Dicevo che il domani compievano quattro anni dal dí delle mie nozze... che la vita mia era sigillata, che solo per mio figlio avrei ancora potuto sorridere...

E sfuggivo ora l'analisi del mio sentimento giganteggiante, attendevo il precipitare dei fatti, senza che il cervello paralizzato mi permettesse di raffigurarmeli in qualche modo.

Io sapevo che sua moglie, votata ad una morte prossima, era di carattere molesto, freddo, impotente a dare e a ricevere affetto. Non credevo ciò una scusa per tradirla; anche verso mio marito non accampavo motivi di rappresaglia; mi sorprendevo anzi a nutrir per l'una e per l'altro una pietà sincera, pungente. Il pensiero del bimbo sopra tutto incombeva sul mio animo. Ma anche esso pareva affievolirsi; via via tutto si oscurava... Ero pervenuta al sofisma di tante le donne che conciliavano l'amore dei figli colla menzogna maritale? Il mio spirito si raffigurava un avvenire di viltà felice fra le gioie materne e gli amplessi dell'amante?

Non credo. Cercavo di persuadermi che la vita mi offriva finalmente l'amore, il vero, e che dovevo accettarlo, portando, all'uomo che mi meritava, tutta me stessa e l'altra parte della mia vita, il mio bimbo, semplicemente, lealmente. Oh, amare, amare, darmi volontariamente, sentirmi di un uomo, vivere, rinascere!

Quanti giorni di battaglia? Non so piú: pochi. Quando lo rividi, ad una delle festicciuole da ballo che il gruppo degli amici aveva organizzato, ed egli mi cinse la vita trascinandomi in un turbime di giri e sussurrandomi sul collo parole brevi di amore, di amore, e in tutta la sala ridicolmente addobbata non vidi un solo essere che attingesse le vette del sogno ch'io facevo, e mi sentii nelle vene tumultuare un sangue giovane, ricco, e appresi in un baleno da cento occhi dimentichi, che confermavano le parole ardenti di lui, ch'io ero una donna bella, la sola bella, bella, bella; e mi dissi che un uomo s'era sentito capace di suscitare in me una fiamma che tutta mi travolgesse... pensai che il mio destino si fissava, e assaporai la prima, l'unica ebbrezza della mia vita.

Mio marito dovette improvvisamente partire per alcuni giorni. Quando lo seppi, tremai. Era un pomeriggio grigiastro, gelido; egli sedeva al caminetto, e io me gli avvicinai, mi strinsi alle sue ginocchia come nei giorni lontani del nostro oscuro idillio, obliando in quell'istante ch'egli era l'autore della mia sventura, non ascoltanto che l'avvertimento del cuore per cui vedevo la sua persona travolta con la mia nell'imminente bufera. Egli mi carezzò la testa, come da un pezzo non faceva, scorse l'alterazione del mio viso, si turbò, trovò, dinanzi alle mie lagrime irrompenti, parole di tenerezza. Mi voleva bene dunque ancora? Non sapevo: sapevo di non averlo, io, mai amato, poi che la donna solo allora in me si destava, la donna bramosa di un ignoto delirio che la ponesse, conscia del proprio valore, in balia d'un forte...

Che potevo dirgli? Lo lasciai partire. L'altro mi seppe sola, audacemente e semplicemente mi pregò con un biglietto d'attenderlo per la sera dopo; avremmo parlato; io sapevo che avrei ricevuto un gentiluomo.

Venne. La situazione era singolare, e noi impacciati, quasi dimentichi del reciproco esaltamento dei giorni addietro. Non so perché, lo trovavo quasi goffo, seduto di fronte a me col tavolo rotondo frapposto, scegliendo le parole dell'esordio, collo sguardo privo del consueto lampo temerario. E mi sentivo tutt'altro che commovente, cosí rigida e muta, coll'orecchio teso verso la stanza ove il piccino dormiva, la fronte ombrata di diffidenza.

Non ritenevo che qualche spunto di frase: "Certo... abbiamo entrambi dei doveri, dei duplici doveri... Ma al sentimento non si può mentire... Il cuore ha i suoi bisogni... Senza venir meno a quei doveri, senza far soffrire...".

Che altro? Non era di facile eloquio e io non lo incoraggiavo.

"Senza far soffrire nessuno... Si può conciliare..."

Doveri? S'ingarbugliava. Si risolse, troncò le dimostrazioni, mi prese le mani, ravvivò gli occhi, mi disse che mi amava, ch'io pure l'amavo, che saremmo stati felici presto; mi dava del tu; si alzò, mi trasse a sé, improvvisamente mi baciò in bocca; e allontanandolo io con un gesto, di nuovo mi dichiarò che non voleva nulla da me ch'io non sentissi spontaneamente di concedergli; che gli bastava sapere che il mio cuore era suo, sentir dalle mie labbra ogni tanto e dalla mia penna le inebrianti parole della passione. Mi attrasse di nuovo, e appoggiata al suo petto, la sua guancia accanto alla mia provai un attimo l'impressione di esser travolta, naufraga, da un naufragio.

D'un tratto le mie mani lo respinsero con violenza. Egli mi stringeva, mi brancicava... Un ricordo mi balenò. Anche costui! E fra la nausea che mi chiudeva la gola scoppiai in un riso convulso.

Si scostò, colpito da stupore. Io spalancai l'uscio e balzai nell'altra stanza.

Dopo un poco udii chiudere cautamente il portone di strada. Ero di nuovo sola in casa sola col bimbo. Il piccino respirava tranquillo, lieve. Non lo guardai, non lo toccai... Oh mio solo, mio puro amore! Mi tolsi febbrilmente i vestiti, e soltanto quando fui sotto le coperte, tesi le braccia dalla sua parte, mordendo il guanciale, chiamando sommessa la morte...

## IX

Fino a quel giorno io m'ero creduta in possesso d'una salda morale, semplice ed evidente, colla quale sarei passata nella vita senza dubbi e senza prove. Se il perché dell'esistenza mi sfuggiva, se intorno a me dalla fanciullezza in avanti avevo visto scemare via via i motivi di entusiasmo, di commozione, di orgoglio, se la mia individualità era da me stessa quasi ignorata e perennemente tradita, non m'era però mai venuta meno la fiducia nella volontà e m'erano riuscite sempre incomprensibili le disfatte provocate dal sentimento o dal senso, lo sfacelo d'un'anima. Il primo grande dolore che avevo provato mi era venuto da mio padre, dalla scoperta della debolezza d'un uomo che m'era parso un dio. Io avevo bisogno di ammirare innanzi di amare. Accettando l'unione con un essere che m'aveva oppressa e gettata a terra, piccola e senza difesa, avevo creduto di ubbidire alla natura, al mio destino di donna che m'imponesse di riconoscere la mia impotenza a camminar sola. Ma avevo cosí anche voluto che la fatalità non fosse piú forte di me, avevo mostrato un volto umano a quel fato.

Avrei ora ammesso nella mia vita miseranda l'intervento ironico d'una forza estranea e sconosciuta? Mi sarei potuta credere suo ludibrio? Mi sarei detto ch'io non era che un essere ibrido, incerto, in balía dell'am-

biente, facile preda alle voglie infami che mi circonda-
vano?

L'invocazione alla morte era stato il primo grido
della creatura nella notte. Ma venne il sonno, e poi il
risveglio: la necessità di prender in braccio il piccino,
di preparargli la colazione, di provvedere all'andamento
della casa ove la vita si svolgeva impassibile, ove il sole
e l'aria marina entravano, ove libri e carte parlavano di
lotte e di evoluzioni, ove si affacciava il ricordo de' rari
ma fulgidi istanti di sconfinata speranza per i miei sogni di donna e di madre.

E i miei vent'anni insorsero... Perché non avrei
potuto esser felice un istante, perché non avrei dovuto
incontrare l'amore, un amore piú forte di ogni dovere,
di ogni volere? Tutto il mio essere lo chiamava.
Quell'uomo mi aveva soggiogata per tante settimane,
aveva saputo imporsi al mio pensiero... Perché? Perché
ero sola, disamata, assetata ed anelante...

Lui? Era proprio lui, quell'uomo miserevole che
m'era apparso, la sera avanti, spoglio d'ogni poesia e
d'ogni illusione, brutale e ridicolo? E un'ira folle mi
prendeva contro me stessa, che cadeva subito per lasciar posto ad una vergogna profonda. Io avevo rinunciato a me stessa. Quel poco ch'ero divenuta, quella
creatura umile ma splendente d'una pura maternità, io
l'avevo buttata ai piedi d'un essere volgare, dallo stupi-
do egoismo, che s'affrettava a gualcirmi come un'erba
sulla strada! Ero dunque discesa cosí in basso? La mia
smania di vivere m'aveva accecata. La vita che cercavo
era l'errore, era l'abiezione... Mi confrontai con mio
marito: eravamo allo stesso livello, ed io piú abbietta
di lui perché lo sapevo.

Alcuni giorni dopo, ero appena tornata col bimbo
dal giardino di mio padre, una bracciata di fiori era sul
tavolo, l'anima interrogava cupamente il vicino avvenire, senza ricever risposta: quando vidi entrare il dotto-

re con uno strano viso, il dottore che in quell'ora doveva compiere il suo consueto giro professionale.

Bastarono poche parole. Egli veniva dalla casa di quell'uomo, a cui la moglie, il mattino, aveva trovato in tasca una mia lettera. La sciagurata sospettava da qualche tempo. Ma la verità non l'aveva atterrata. Si sapeva poco lontana dalla morte e d'altronde non era quello il primo tradimento del marito, né il primo giorno in cui ella aveva sentito di odiarlo. Voleva vendicarsi prima di morire. Per questo aveva chiamato il dottore, sapendolo mio amico.

Egli mi porgeva una lettera ch'era riuscito a farsi consegnare insieme alla promessa del silenzio. E dinanzi al mio volto che si decomponeva per l'insulto, e per lo spasimo, il buon giovane non poté che chiamarmi per nome tremando...

Ci stringemmo la mano, come trovando un reciproco conforto in quel patto di silenzio.

Che cosa credeva? Potevo io spiegargli?

Disse quel che gli pareva consigliabile per sfuggire una catastrofe. Dal canto suo avrebbe vigilato, nulla risparmiato.

"Ma non lo riceverà piú, mi promette?"

Non risposi. Si alzò: e allora soltanto, afferrandogli di nuovo la mano, si sciolse il nodo che avevo in gola; un singhiozzo mi troncò la voce mentre balbettavo che non sentivo di aver perduto la sua stima.

"Lo credo" e mi guardò triste.

Passarono due giorni, in cui continuai a persuader me stessa della mia umiliazione, mentre, al pensiero che mio marito avrebbe potuto sapere e interpretare in modo brutale, ero assalita da una ribellione sorda e insieme dalla smania di confessare il mio fallito tentativo di vivere, affinché mi conoscesse e mi allontanasse dalla sua casa come una donna che non era sua e che avrebbe potuto esser d'altri e che lo sarebbe forse un giorno. Nei sentimenti contrari che mi combattevano, io sentivo naufragare la mia volontà, la mia persona, tutto quello che avevo creduto di essere e a cui rinunciavo desolatamente.

Intanto quella donna non aveva saputo o voluto tacere; s'era sfogata con un'amica, e la notizia, ghiotta quanto incredibile, aveva serpeggiato sino a giungere all'orecchio di un caporione della frazione clericale, chiamato per nomignolo l'avvocatino.

Il dottore alle prime voci venne di nuovo a trovarmi; mi disse che bisognava che tutto apparisse mera invenzione diffamatoria.

Gli scoprivo una concitazione interna sempre maggiore. Vegliava su di me. Che cosa lo spingeva? Non potevo, non volevo indagare, in quell'ora fosca... Ma non riuscivo a scacciar il ricordo del sospetto balenatomi sui rapporti suoi con la mia cognata. Anche lui era isolato in quell'ambiente ostile: anche lui aveva ceduto, si era umiliato di fronte a se stesso. Ora riconosceva forse in me un'altra vittima. E sentivo che il suo spirito m'era vicino come nessun altro mai, tenero e mesto.

La sera egli tornò, chiese di parlare da solo con mio marito. Posi a letto il bambino, udendo come trasognata il bisbiglio delle loro voci nella stanza attigua. Indi fui chiamata; il dottore aveva raccontato che l'avvocatino si divertiva da qualche giorno a malignare sulle riunioni serali in casa dell'assessore nostro parente, e sulla recente festa da ballo: io e un'altra signora della comitiva eravamo sopra tutto bersaglio di quelle chiacchiere infami: all'una si attribuivano parecchi amanti alla volta, a me uno solo, discretamente e ancor platonico, poiché si parlava di sole occhiate dalla finestra e di lettere...

Il dottore era calmo, bonario come il solito, sollecito di rassicurarmi: aveva consigliato al marito dell'altra signora, ed ora al mio, che entrambi chiedessero conto al diffamatore delle sue parole: era l'unico mezzo per rintuzzare una buona volta l'audacia di quel mascalzone, mostrargli che non lo si temeva.

Mio marito, pallido, si frenava. Rimasti soli, si limitò dapprima a rimproverarmi la mia leggerezza, la smania nuovissima venutami in quell'anno di frequentar gente, di mostrarmi elegante e brillante. Per esser tranquilli in paese non bisognava uscir dal proprio guscio!

Ma il dubbio lavorava nel suo spirito, dava via via alle sue parole un tono piú acre ed imperioso; egli era di coloro che la propria voce accende ed esalta fino al parossismo, nelle ore di tempesta. Io sapevo che nulla piú ormai l'avrebbe fermato sulla via delle inquisizioni; sentiva spuntare, annodarsi nel suo cervello i sospetti. Incapace di padroneggiarsi piú oltre, esigeva che negassi quello di cui già mi insultava, e che protestassi insieme d'amar lui solo. La faccia convulsa e paonazza, gli occhi fuor dalla fronte, diventava spaventoso: ebbi l'improvvisa sensazione d'essere una piccola creatura indifesa sotto una potenza cieca e bestiale. Rimasi muta, rigida.

Ad un tratto mi risolsi, investita dalla sua medesima esaltazione. A che mentire? Io avevo chiamato quell'uomo. L'avevo amato forse! L'avevo anche respinto, come respingevo lui, mio marito, e li odiavo entrambi... Mi cacciasse! Mi uccidesse! Sentendo il suo orgoglio montare implacabile, tutto il mio essere si levava in un impeto... Egli non interrogava, minacciava, accusava. Non mi credeva: mi ero data, lo confessassi...

Non ricordo altro. Rivedo me stessa gettata a terra, allontanata col piede come un oggetto immondo, e risento un flutto di parole infami, liquido e bollente come il piombo fuso. Colla faccia sul pavimento, un'idea mi balenò. Mi avrebbe uccisa? Con una strana calma mi chiesi se l'anima mia sarebbe mai stata raggiunta in qualche parte dalle anime di mia madre e di mio figlio.

Ed ho il confuso senso della disperata ira che mi assalse quando, dopo una notte inenarrabile in cui il mio viso ricevette a volta a volta sputi e baci, e il mio corpo divenne null'altro che un povero involucro inanimato, mi sentii proporre una simulazione di suicidio... "Bisogna che io ti faccia morire di mia mano; ma non voglio andare in galera: devo far credere che ti sei data la morte da te stessa..."

Ira silenziosa e vana, disperazione spasmodica, agonia atroce, ombre di follia... Giorni, settimane. Tutto è avvolto di grigio; non distinguo piú la successione delle sofferenze, dei deliri, delle soste di stupefazione. Mio padre, informato, era riuscito col dottore a persuadere l'uomo pazzo ed insieme vile a perdonarmi, a credere che tutto non era se non aberrazione momentanea. Mia cognata, mia suocera, avevano toccato il tasto dello scandalo: ogni cosa, piuttosto che la pubblicità di quell'onta! E, insieme, tutta questa gente mi circondava come in un sogno mostruoso: tutti mi credevano una bestia immonda, e tutti mi risparmiavano per viltà.

Ogni notte di me si faceva strazio; ogni giorno eran scene di rimpianto, eran promesse di calma, di oblío. Mettevo paura?

E intanto la vita esterna doveva apparire immutata. Dovevo uscire a fianco di mio marito e talvolta fra noi era il bimbo; il dolce fiore sorrideva fra due che s'odiavano.

La mia reputazione già era divenuta cosa pubblica che i due partiti dovevano difendere od offendere. I miei partigiani potevano sprezzarmi in segreto, ma dovevano esaltarmi ad alta voce; quelli dell'avvocatino e dell'arciprete non mi conoscevano per nulla e dovevano proclamarmi disonesta. In questa odiosa disputa che contegno teneva colui che n'era causa? Sua moglie, aggravata dal male, era partita, condotta via dai suoi genitori. Ma erano state notate da piú d'uno le passeggiate sotto le mie finestre. Non era egli capace di assumere la posa di colui che ha tutte le ragioni per difendere cavallerescamente una donna? Il dottore me lo lasciava temere.

Un giorno le mie sorelle mi trassero a visitare mia madre. Quattro anni quasi erano scorsi dalla sua entrata nel tetro luogo. Ella non ci riconosceva piú affatto, non aveva piú ricordo, nessuna luce negli occhi; ripeteva un gesto infantile delle mani per tastare le stoffe, i nastri e le acconciature nostre; e un linguaggio a monosillabi in una gola affiochita era tutto ciò che distingueva le sue manifestazioni da quelle di un bimbo di un anno. Dall'ultima visita era impinguata ancora, e i tratti del viso minuti, delicatissimi, che sparivano fra le guance ed il mento, avevan di per sé stessi un'espressione straziante, sembravan vivere, rammentare, chiederci conto della persona sottile e sensitiva che essi avevano illuminata, un tempo...

Baciai le ciocche grige, e nel punto stesso una voce interna parve avvertirmi: "...Le tue labbra non toccheranno piú questa fronte..."

Piú?... Lungo la strada del ritorno, in carrozza, come un'ossessione mi avvolse: quel monito mi cantò nel cuore. Intorno, ogni cosa era fresca e verde; le sorelle scambiavano rade parole, e la vita pareva sorridesse loro con piú soave inconsapevolezza dopo la visione formidabile.

A casa, il bimbo mi attendeva. Egli aveva due anni, mi amava, oh! mi amava con tutta la forza del suo cuoricino; era intelligente, forte, bello, con la dolcezza di mia madre negli occhi. Che cosa mi raccontava della giornata trascorsa? Il suo babbo era cupo; lo lasciammo solo: io composi il corpicciuolo fra le lenzuola, rimasi colla mano sulla piccola tepida guancia fin che sentii il respiro del dormiente, tornai in sala da pranzo.

Mio marito aveva incontato quel giorno l'uomo che credeva mio amante, e gli era parso di scorgere ne' suoi occhi un lampo di dileggio; quegli era fra due amici, certo suoi confidenti. Che ne pensavano, che sapevano? Parlassi, parlassi, per Iddio!

Io restavo in attitudine prostrata, incapace di ogni moto. In verità quasi non udivo distintamente ciò che mi diceva. Sembrava che la vita mi sfilasse dinanzi, raccolta in pochi episodi, e ch'io la guardassi da un'altra sponda, con occhi nuovi. Era breve, e non era bella. Che cosa avrebbe detto un giorno mio figlio conoscendola? Se egli quella sera stessa avesse potuto comprendere e parlare, mi avrebbe pregata certo di trarlo in braccio e di andar lontano con lui nella notte, ad affrontare la miseria, la fame, la morte...

"Tu non parli, non parli! Che cosa mi nascondi, che cosa prepari per trascinarmi nel fango, di', di'?..."

E, ancora, mi trovai a terra, ancora sentii il piede colpirmi, due, tre volte, udii insulti osceni, e, dopo quelli, nuove minacce...

Poi, mentre restavo distesa sul pavimento, trovando una sorta di refrigerio, come un letargo ad occhi sbarrati, colui uscí sbattendo l'uscio, con un'ultima bestemmia. Aveva svegliato il bimbo?

No. Quando potei muovermi, mi trascinai accanto al lettino, al buio. "Figlio mio, figlio mio... La tua mamma non ti vedrà piú... È necessario... Non può vivere, è stanca, e non vuol farti soffrire... Tu hai il suo sangue, ma sarai piú forte, vincerai... qualcuno ti dirà un giorno forse che tua madre ti ha amato, che non ha amato che te sulla terra, che non era cattiva, che ti aveva sognato buono e grande..."

Tornai in sala. Nella credenza v'era una boccetta di laudano, quasi piena. La trangugiai per due terzi, fino a che l'amaro non mi chiuse la gola. Mi stesi sul divano.

E rapidamente mi sentii invasa da un dormiveglia leggero, da un riposo di tutte le membra...

Quando mio marito rientrò, non so se dopo un'ora o poco meno, il mio sopore dapprima gli parve simulato; e riprese, con minor violenza, ad insultarmi. La sua voce mi giungeva fiochissima. Dovette cadergli a un tratto lo sguardo sulla boccetta rimasta sul tavolo. Si chinò su me, comprese. Afferrò il vetro col resto del veleno e si precipitò in strada mentre io accoglievo vagamente il pensiero che ogni aiuto sarebbe stato vano.

Due donne, ecco... Mia suocera preparava il fuoco, l'acqua tiepida, e mia cognata m'indirizzava scongiuri... indi lui che piangeva ai miei piedi. Io vedevo tutto come attraverso un velo, senza dolore: avevo quasi il dubbio d'esser già via, fuori, e di assistere con lo spirito alle ultime convulsioni della mia spoglia.

La donna mi scosse, mi diede l'acqua, che non potei trangugiare. Aveva preparato un foglio di carta: "Scriverai almeno che sei stata tu, perché questo povero cane non abbia anche da passare dei guai!"

Chi sa se il sorriso di compatimento che sentii guizzarmi nell'anima mi si abbozzò sulle labbra aride? Mi si pose la penna fra le dita, ma non la tenevo. In quella entrò il dottore. Riuscii ancora a far cenno di no, mentre mi porgeva un bicchiere: mi lasciasse, mi lasciasse, almeno lui che sapeva!

Ma la mano ferma ed inflessibile mi resse il capo, mi costrinse.

# Parte seconda

## X

Avevo dato l'addio alla vita semplicemente, fermamente, benché in un'ora di smarrimento; come ubbidendo a un comando venuto da lungi piú che alla necessità imperiosa dell'istante. La mia esistenza doveva finire in quel punto: la donna ch'io ero stata fino a quella notte doveva morire. Vi sono periodi che non possono risolversi e che sembra vadano chiusi bruscamente con una pietra sepolcrale.

Da quanto tempo la crisi si svolgeva in me a mia insaputa? Il dí in cui un informe essere aveva brutalmente interrotto la fioritura della mia adolescenza, un processo di dissolvimento s'era iniziato in me. Il lavorio delle influenze deleterie mi penetrava lentamente, mi corrompeva il corpo e lo spirito. Nulla era pervenuto alla mia coscienza di questa interiore tragedia, fino alla catastrofe. M'ero sentita triste, stanca, impaurita... E la sconfitta era venuta, inattesa ma logica, nessuna rivolta tardiva l'aveva accolta, neppure alcun stupore. Un ciclo si chiudeva, l'ordine si ristabiliva.

Da un'altra sponda... Come nel punto di darmi la morte, io considerai il mondo e me stessa con occhi affatto nuovi, rinascendo. Dapprima rivissi l'infanzia; fui come una bimba per alcune settimane. Assaporato puerilmente la dolcezza di *essere*, avevo un sorriso commosso per il sole, per le cime degli alberi che vedevo dalla mia poltrona, per la bellezza di mio figlio, per ogni oggetto che splendesse, che fiorisse, che richiamasse i sensi, attenti all'opera della vita. E lo spirito era inerte. Sapevo d'ever tentato di morire, sapevo che tutto si cambiava attorno a me, e ch'io avrei dovuto camminare ancora; vedevo ombre e luci alternarsi rapide; ma non provavo né timori, né speranze, né ripulsioni, né dubbi: al piú una vaga fiducia, come un abbandono timido, quasi inconscio. Sulle labbra conservavo il sapore amarognolo del veleno, e la testa era di una debolezza straordinaria; ogni leggero rumore l'intronava, mi toglieva la percezione nitida delle cose. Tuttavia la scossa fisica non era stata grave; non ero stata costretta al letto che per pochi giorni. Tutti anche mio padre, ignoravano l'accaduto. L'esistenza esteriore continuava il suo giro normale; io m'applicavo finanche a qualche lavoro casalingo, non lasciavo mancare nessuna cura al bambino, giungevo talora a notare nello specchio l'espressione di convalescente che dava al mio viso affinato una grazia nuova.

Non ricordo distintamente ciò ch'era passato fra me e mio marito nei primissimi giorni. Dinanzi alla mia tranquilla esecuzione di morte egli doveva aver sentito uno straordinario sconvolgimento nel cuore e nel cervello, e n'era rimasto annichilito. Rimorso? Paura? Umiliazione? Gelosia? Tutto si confondeva per lui in un'unica impressione di dolore: dolore vero, sofferenza fisica in gran parte, che lo trascinava dall'estremo abbattimento all'estrema esaltazione.

Il dottore gli aveva forse fatto balenar dinanzi il pericolo ch'io impazzissi. Doveva essere tratto, dalla visione dello sfacelo che io avrei lasciato nella sua casa partendo, a riconoscere ch'io avevo tenuto in essa, fino allora, il posto principale, che ne ero stata l'anima, che vi avevo silenziosamente segnata una traccia indelebile.

E mi pareva che il lavorío di riflessione s'iniziasse in lui... Pensava egli al poco o nulla che aveva portato nella nostra unione, alle speranze ch'io avevo veduto cadere in quattro anni, alle esigenze del mio essere ancora in isviluppo, all'insipienza con cui aveva negletto ogni mio sintomo di malessere? Percepiva forse la mia superiorità proprio mentre sentiva l'ira contro quello ch'egli si raffigurava fosse il mio delitto? Il suo amor proprio spasimava ancora, e frattanto egli non poteva sottrarsi ad un fascino strano, indefinibile, che gli veniva dalla mia personalità nuova, tragica e risoluta. Il mio corpo, lo sentivo rabbrividendo, acquistava su lui un'attrazione piú acuta, dolorosa. Il ricordo della mia invincibile ripugnanza per gli atti dell'amore non gli richiamava forse alla coscienza lo scempio commesso su me fanciulla, ma certo doveva suscitargli confusi rimproveri per non aver avuto un delicato rispetto verso il mio organismo immaturo, per non aver saputo amorosamente destare in me la donna, avvolgere di purità l'invito alla sana gioia.

Ed era solo, dinanzi al suo turbamento; sentiva che nessun altro ne sospettava la profondità e l'estensione, che sua madre lo compiangeva per una sofferenza assai piú semplice, che il dottore lo giudicava con una indulgenza non scevra di sprezzo. E in certi momenti rompeva in singhiozzi, confessandosi miserabile.

Non mi aveva piú battuta. S'era inginocchiato davanti a me, chiedendomi perdono di non essere stato generoso, di avermi spinta al passo disperato. "Vivi! Per nostro figlio!" La supplica assumeva su quelle labbra cosí restíe alla dolcezza un accento straziante. E io univo le mie lagrime alle sue, come il bimbo piange di fronte all'altrui pianto. Nella mia sensibilità d'inferma ero tratta e considerarlo un povero compagno di sventura, come me trastullo e vittima di cieche vicende; mi dicevo vagamente che l'uno aveva bisogno dell'altra, che l'una doveva appoggiarsi all'altro per rifare un'esistenza comune solo pel bene del figlio.

Poi una cosa strana avvenne. Mio marito un mattino ricominciò ad interrogarmi sul fatto che era stato causa ad entrambi di tante torture. Ripetendo pazientemente il racconto, coi piú minuti particolari, espostogli già tante volte, vidi ch'egli riusciva a serbarsi calmo, a riflettere, lasciando dietro le mie risposte lunghi silenzi. Alfine un gran respiro gli sollevò il petto: un misto di gioia e di orgoglio, malamente contenuto, gli trasparí dagli occhi. Dunque in tutte le inquisizioni colle quali mi aveva straziata, non eveva mai compreso, forse non era mai riuscito ad ascoltare sino alla fine, a frenare l'irruzione d'una gelosia bestiale... E ora per lui tutto l'accaduto si riduceva ad un episodio insignificante, trascurabile. Capii ch'ei si erigeva di fronte a quell'altro, godendo del suo scorno; che mi era grato, che infine ricominciava in lui la fiducia, la certezza ch'io fossi legata, che io l'amassi, che mi sentissi cosa sua!

Giugno trionfava sui campi dorati. Il mare doveva essere tutto uno scintillío, un sogno abbacinante; io non lo vedevo perché non uscivo mai di casa, salvo qualche volta la sera: pochi passi con mio marito lungo la deserta via ferrata. Nonostante tutto, la gelosia di lui non era scomparsa: al mattino, in grazia della presenza della donna, potevo muovermi per la casa, ma non entrare nelle stanze che davano su strada. Dopo colazione, per tema ch'io ricevessi qualcuno, venivo chiusa a chiave fino al suo ritorno alle sei sola col piccino nell'ambiente caldo e ingombro della camera da letto prospiciente sul giardino abbandonato.

Il bimbo dormiva per due o tre ore. Io ricamavo accanto alla finestra socchiusa, divertendomi talora ad osservare il giuoco delle mani in un raggio luminoso, magre, traenti con lentezza la gugliata di colore. Quella reclusione non mi offendeva: provavo una specie di voluttà in quell'annientamento d'ogni senso ribelle, in quella schiavitù da orientale. Era, in fondo, ancora il riposo, la riparazione delle forze. Pensavo al mio carceriere con una pietà sempre piú larga, con una rassegnazione quasi serena. Amore? L'avevo lasciato sperare a lui, che s'era tosto convinto. Fra le sue braccia io m'ero bensí sentita irrigidire; ma ciò non mi spingeva che a compensare altrimenti colui al quale non potevo dar intera la mia persona. Certo, io non ero nata per le gioie, ma per le sofferenze dell'amore...

Egli si mostrava soddisfatto della mia docilità tranquilla. Non richiamava piú il passato, se non per chiedermi che cosa m'era mancato, per rimproverarsene apertamente. Mi era penoso rispondergli, volevo risparmiarlo; pure, lo sfogo certe volte avveniva irresistibile. Questo serviva piú di esame a me stessa che a lui. Erano confidenze d'uno spirito che, tentennando, s'apriva la via, che lentamente riacquistava il suo vigore e la sua indipendenza. Penose, povere, frammentarie reminescenze d'un tempo già avvolto nella nebbia, d'una vita trascorsa, veramente chiusa. Parlando, sentivo a mano a mano il mio volto perdere l'espressione di umile dolcezza, cormporsi in fredda maschera dagli aridi occhi fissi in un punto indistinto che era forse il passato, forse il futuro. E dovevo fare uno sforzo per togliermi da quel momentaneo e a me stessa ignoto rifugio, per ricondurre a piú lievi pensieri l'uomo che sorprendevo assorto, dal canto suo, in visioni che gli mettevano una ruga sulla fronte, la ruga dolorosa e puerile di chi cerca comprendere qualche grande fenomeno e non riesce che a percepire la propria impotenza diffidente.

Nostro figlio ci scioglieva i cuori, ci faceva credere nelle nostre vicendevoli promesse di pace. Era ben lui, era ben la sensazione di possederlo ancora, di averlo lí piccolo e sorridente; era il ricordo incessante, per quanto non espresso mai, di quell'addio notturno in cui m'ero rappresentata la creatura del mio sangue sola pel mondo, ignara del mistero materno; era il pensiero ugualmente perenne della vigilanza appassionata che per l'innanzi non gli avrei mai tolta, era ben tutto ciò che fin dai primi giorni mi aveva resa soave la rinnovata esistenza. Per lui, per lui, per lui... Vivere tanto da rifarmi un'anima splendente, da poter essere madre nel piú grande significato della parola: era un sogno? Io mi curvavo sul piccolo letto, contemplavo il volto addormentato di mio figlio, adorabile nelle linee pure e già decise, e una calma fiducia entrava nella mia anima. A lui non potevo chieder perdono che mentalmente; non mi sentivo umiliata in quell'atto; forse era la coscienza di non avergli mai diminuito il mio amore, di averlo avuto sempre in cima a' miei pensieri, anche nelle ore di follía, che mi faceva sentir sempre degna della sua inconsapevole benedizione? Forse era soltanto la legge del sangue: quelle membra che erano uscite di me, io le pensava istintivamente animate dall'identico mio soffio, allora e sempre; quella creatura *mia* doveva nella vita riflettere le mie azioni, lottare con me per l'elevazione.

Per la prima volta percepivo intera l'influenza benefica della vicinanza di mio figlio; il mio affetto per lui si era approfondito e insieme semplificato, perdendo quel che poteva avere di fanciullesco e di morboso. E il suo nome costituiva l'amuleto del presente, il simbolo del futuro; circoscriveva nelle sue brevi sillabe l'orizzonte nuovo.

Frattanto la vita materiale della casa procedeva impacciata, grigia. Le mie sorelle, ignare di tutto, erano andate a passare qualche settimana dagli zii a Torino, ed io restavo confinata col pretesto di sfuggire la noia degli sguardi maligni o curiosi. La suocera e la cognata, per fortuna, stavano lontane. Veniva il dottore, talvolta, al mattino, per pochi minuti. Era meno loquace di un tempo. Si preoccupava della mia salute. Se accennavo con un abbozzo di sorriso alla clausura perdurante, egli crollava il capo, mentre un'ombra gli passava rapida sul volto; poi, con uno sforzo che non mi sfuggiva, volgeva la cosa allo scherzo, mi incitava solo a non lasciarmi abbattere, ad esigere qualche viaggio, in attesa di giorni piú sereni. Giocava col bimbo, compiacendosi di trovarlo sanissimo e vivace nonostante la mancanza di grande aria e di moto; e ad ogni visita le sue maniere verso di me divenivano piú affettuose e insieme piú riserbate, come se un senso maggiore di rispetto s'infiltrasse in lui, lo stupisse e gli riscaldasse l'anima. Glie n'ero grata; la sua presenza mi portava una nota sommessa del vasto mondo che pensavo morto per me, mi faceva mio malgrado sentire ch'io aderivo ancora a quel mondo, in cui pure avevo tanto dolorato.

Da lui seppi che le conseguenze della mia avventura non erano finite. In verità, pochi in paese avevano creduto all'accusa; la maggioranza aveva dovuto pensare che trattavasi di una velleità troncata fin dall'inizio; ma della cosa s'era impadronito il partito avversario. Il mio onore era in sua balía: bisognava perciò rivendicarlo.

Ciò toccava, secondo le convenzioni, a mio marito. Ma quell'altro aveva preso l'attitudine dell'uomo chiamato direttamente in causa, e faceva di tutto per venir provocato, a fine di mostrare la sua superiorità di spadaccino, e, senza dubbio, per far credere ch'egli aveva delle ragioni personali per difendere il mio onore...

Mostruose falsificazioni di ogni senso morale, che non mi avrebbero colpita profondamente, tanto conoscevo la corruzione e l'ipocrisia dell'ambiente, se non mi avessero rivelato una nuova piega del carattere di mio marito. Mi accorsi ch'egli credeva alla necessità di un duello, non per difendere me, ma sé stesso; solo il suo amor proprio soffriva. E intanto aveva paura!

Il dottore si adoperò in ogni modo per accomodar la faccenda. Dopo varie trattative, l'avvocato finí per rilasciare ai padrini di mio marito una dichiarazione ampollosa e ritorta, in cui io ero qualificata "rispettabilissima." Mio marito si dichiarò soddisfatto, e soddisfatti apparvero l'uno e l'altro partito che avevan trattato la mia riputazione come un affare pubblico.

Non volli convenirne con me stessa; ma l'esaltamento di sacrificio era ormai del tutto caduto; finita la voluttà di piegare, finito il silenzio della coscienza insoddisfatta.

Tutte le umiliazioni inflittemi, tutte le bassezze strisciatemi accanto, e i compromessi e le menzogne, le avidità della carne e le viltà dello spirito, episodi ironici ed episodi mostruosi, tornarono a galla nella memoria atterrita, invano implorante pace, oblio... E fu l'ora suprema della lunga giornata d'orrore: il meriggio risplendente sul campo devastato. Nulla piú mi veniva nascosto da veli fallaci. Umiliandomi, io non potevo neppure avere il conforto di scusare chi mi opprimeva. Nulla stava sopra di me, condannata a camminare curva. E mio figlio, mio figlio era un'altra vittima fra due condannati avvinti. Chi lo avrebbe salvato, condotto lontano, dove qualcuno gli trasmettesse la virtú umana?

## XI

Con la chiusura dell'odiosa vertenza mio marito divenne piú calmo, sospese del tutto le peregrinazioni nel passato. Per qualche tempo ancora mantenne i suoi divieti, ed io continuai a non uscire, a passare i pomeriggi chiusa a chiave, ad aver i fogli di carta da lettere numerati, a non poter vedere che i parenti, il dottore e la domestica, il tutto sotto l'apparenza della piú ampia libertà e con procedimenti d'un'ingenuità che mi avrebbe divertita se i miei ventun anni prossimi a scoccare non fossero stati irrimediabilmente chiusi al riso. Badavo ad evitargli le cause di preoccupazione, a prevenire anzi le sue esigenze, ma ormai piú per la volontà di tutelare la tranquillità mia e di mio figlio, che per impulso di pietà. Egli, come nel passato, era divenuto ottuso, cieco e tranquillo. Desideroso d'un placido benessere, finiva per felicitarsi dell'avvenimento che me gli aveva data nelle mani vinta, rassegnata, passiva. Io l'osservavo nel rapido ripristinamento della sua figura normale, senza sdegno. Ormai non poteva piú nulla, né per me né per lui.

In quei giorni di infinita solitudine, nel silenzio di ogni richiamo umano, abbandonata veramente ogni speranza e ogni fede, trovai in un libro una causa di salvezza.

Era il primo che prendevo tra le mani dopo molti mesi: un invio di mio padre, che mi vedeva raramente e mi pensava, certo, con amarezza, vittima silenziosa per non aver accolto il suo invito a rifugiarmi in casa sua, in quei giorni tragici.

L'autore era un giovane sociologo di cui quel libro, uscito allora, diffondeva il nome in tutta Europa. Parlava di alcuni suoi viaggi in paesi giovani, e con una elegante vivacità traeva i profani e gli scettici a considerare molti problemi gravi che spuntavano dai contrasti fra due civiltà. Un'acuta facoltà d'intuizione, una vera genialità di sintesi, davano una suggestione rara a quell'opera un poco precipitosa ma gagliardamente pensata, nella quale uno schietto sentimento d'umanità vivificava ogni pagina.

Forse se invece di quel libro mi fosse capitato in quel punto un poema vibrante di paganesimo o un saggio di misticismo, il mio destino sarebbe stato diverso da quello che fu? Forse anche non avrei subíto influenza di sorta ed io mi sarei affondata in un'atonia inguaribile.

Non piansi, non mi esaltai, non sentii in me nessuna rivoluzione. Quelle pagine rispondevano nella sostanza ad un ordine di idee che in me si svolgeva fin dall'infanzia. Ma appunto perché non mi spalancavano abissi ignoti, appunto perché con un vigore delicato, quasi inavvertito, mi riconducevano a regioni popolate di pensieri latenti, come sussurrandomi d'una ricchezza troppo a lungo trascurata, esse mi furono provvidenziali, in quell'ora. Un lento fascino m'avvolgeva, mentre nella stanza chiusa, accanto al bimbo intento a' suoi giuochi, io meditavo su le cose lette, ricordavo lontani discorsi della fanciullezza, aggiungevo osservazioni e riflessioni mie a quelle dello scrittore, partecipavo incoscientemente all'ideale costruzione d'un mondo. E quel fascino faceva indietreggiare in silenzio i recenti fantasmi disperati, rendeva benefica la solitudine, mi difendeva fra le piccole realtà ostentanti la loro irrimediabile miseria.

Allorquando il buon senso vinceva la gelosia di mio marito e l'induceva a portarmi a passeggio, provavo un senso indicibile di fastidio per gli sguardi della gente, e per il timore d'incontrare a faccia a faccia l'uomo che poteva riaccendere nell'anima di chi stava a fianco la brutalità primitiva. Scorgendo talvolta da lungi la figura nota, sola o in qualche crocchio, ed evitandola, in mutuo accordo con mio marito che pur guatava la strada, mi stimavo vile. Perché non consideravo l'esistenza di colui come un fatto che non mi riguardava? Non era forse odio ch'io sentivo per lui, bensí tremavo come si trema al nome d'un morto che ha condotto noi o qualche persona cara sull'orlo della tomba. E quando mi trovavo vicina alle mie sorelle, ormai divenute due fiori di giovinezza, quel terrore mi riassaliva. Avrebbero mai sospettato, esse? E la calunnia, anche fra molti anni, sarebbe giunta fino a loro?

La maggiore delle due fanciulle era da qualche mese amata da un giovane ingegnere di un paesello vicino, una intelligenza fervida in un temperamento ineguale, nato per la lotta, pieno il capo d'ideali nuovi. Io avevo indotto mia sorella – diciassettenne – a interrogarsi profondamente innanzi di togliere ogni speranza al giovane. Ora, dopo un lungo periodo d'incertezza, la fanciulla aveva dichiarato a nostro padre di ricambiare l'amore e di attendere che il fidanzato potesse consolidare la sua carriera per sposarlo; e poiché il babbo in vista della dilazione, non aveva messo ostacoli, mostrandosi solo poco contento, i due si scrivevano, si vedevano a passeggio, si studiavano, e la passione dell'uno diveniva affetto protettore, la simpatia dell'altra devozione riconoscente; cementavasi un sentimento comune di stima per cui l'avvenire si delineava sempre piú saldo ai loro occhi fiduciosi. Cosí, nella casa rimasta a lungo senza luce, s'insinuava per virtú d'amore un soffio di vita nuova, piú seria e piú alta, penetrava una influenza estranea che sarebbe in breve divenuta imperiosa e benefica. Allietandomene, io favorivo quell'amore la cui fiamma pareva quella d'un mio sogno appena abbozzato e non avverato.

Verso la fine dell'estate mio marito risolse di fare un viaggio, per riposarsi e per distrarsi, riparare le mie forze nervose esauste e rinvigorire la salute del bimbo. La settimana che passammo a Venezia fu triste, malgrado l'incantesimo della città, malgrado il languore dolcissimo ch'essa infiltra sin nelle vene dei piú disperati. Il bimbo non ci permetteva visite accurate a musei e chiese: d'altronde mio marito, nell'assenza di gusto innato e nell'ignoranza assoluta di cose d'arte, non era un compagno dilettevole, sciupandomi spesso anche le piú spontanee sensazioni. Partendo, ci sentimmo come sollevati, ma nell'angolo remoto del Tirolo dove avevamo scelto d'accamparci la tristezza non scomparve.

Il sito era meraviglioso, una stretta valle rumoreggiante di cascate, verde d'abeti e di pini, incorniciata di gigantesche cime candide. La mia infanzia, la mia infanzia che tornava coi paesaggi severi, coi profumi selvaggi, cogli ampi suoni semplici! Da quanto tempo sepolta nella memoria? Oh, poter essere sola col mio figliuolo fra quei boschi, educarlo alla scuola della natura, fare che nel lontano avvenire l'onda dei ricordi infantili non giungesse mai a lui cosí straziante come a me. in quel punto, che tutta la sua vita si svolgesse armoniosa, quale di ospite nobile in nobili terre!

Cosí contento era il piccino esercitando bravamente le sue gambette su pei viottoli erbosi, salutando le mandre dalle campanelle argentine! Nell'alberghetto ove si alloggiava egli era il sorriso, il fiore squisito che tutti volevano aspirare con un bacio, e che giungeva da lontano, da una parte d'Italia che non sapevan bene dove collocare nella carta geografica quei fratelli nostalgici, pensosi e un poco taciturni...

Anche mio marito, nuova affatto alla montagna, era contento, prodigo di esclamazioni enfatiche e di osservazioni ingenue, sicuro come sempre del suo giudizio, superbo di spender i propri risparmi in maniera raffinata, desideroso della mia riconoscenza espressa. E quando mi sorprendeva melanconica s'indignava come d'una frode. Che donna ero? Nulla mi soddisfaceva!

Pentito, mi istigava poi a far qualche progetto pel nostro ritorno a casa, e tentare di nuovo la distrazione dello scrivere... Perché non cominciavo ad ispirarmi a quel luogo magnifico?

Lo ascoltavo stancamente, come si ascolta un passante che parla della nostra salute e ci dà consigli senza saper nulla di noi. Io stessa non sapevo che cosa m'era necessario, in quel punto. Sentivo solo giganteggiare la mia solitudine, il mio isolamento morale; mentre ponevo un certo impegno nel partecipare a mio marito le impressioni che ricevevo, ad essere per lui come un libro aperto, comprendevo bene che il substrato della mia vita restava inviolabile, che, anche volendo, non avrei potuto farmi aiutare nell'opera di scandaglio che continuava in me. E qualcosa come un tremito interiore mi possedeva incessantemente... In qual modo ricordare simili periodi? Talvolta, al mattino, abbiamo la sensazione nitida d'aver passato una notte densa di sogni e di fantasmi grandiosi, e d'aver vissuto in fuggevoli istanti di dormiveglia una vita profonda, ma non riusciamo a ricostruire le visioni né a rifare i pensieri notturni; e ci accorgiamo poi che ogni nostra nuova azione veramente essenziale non stupisce noi stessi perché la nostra intima sostanza ne aveva avuto l'avviso.

L'ultimo pomeriggio passato in montagna, mi è rimasto impresso nella memoria visiva in maniera singolare per me che ritengo quasi esclusivamente i caratteri morali, direi, dei luoghi che percorro; che ad ogni luogo, cioè, do nel ricordo la fisionomia che la mia anima gli diede nell'attimo in cui l'accolse in sé, lo sentí cornice ai propri sentimenti. Mi rivedo per l'ampia strada da cui dovevamo, al mattino dopo, discendere per ore e ore in diligenza verso la via ferrata, verso il Benaco. L'atmosfera era grigia ed umida. Tuttavia ogni cosa ed ogni suono avevano una nitidezza straordinaria; tutto sembrava piú vasto, e formidabile e fisso. Noi che andavam lenti fra tanta aria cinerea, che cosa eravamo se non dei piccolissimi punti transitori che la Terra proteggeva con austero amore? Per la prima volta forse in vita mia abbracciavo questa Terra con pensiero riverente, figliale. Il tempo e lo spazio mi pareva diventassero fluidi, che mi trasportassero sulla loro corrente: ero l'Umanità in viaggio, l'Umanità senza méta e pur accesa d'ideale: l'Umanità schiava di leggi certe, e pure spinta da una ribelle volontà a spezzarle, a rifarsi una esistenza superiore a quelle...

Quel dí appunto avevo terminato di rileggere il libro che m'aveva tanto afferrata settimane innanzi, e che mi era stato compagno discreto e costante per tutto il soggiorno in montagna. Fondevo le due emozioni successive, quella suscitatami dalle idee svoltesi nella mia mente intorno a quella lettura, con quella ond'era autrice la Natura che mi circondava e che stavo per lasciare. Ne emanava un fervore occulto che conoscono solo i grandi credenti e i grandi innamorati: coloro che adorano la Vita fuor di se stessi. *Io* scomparivo, con la mia miseria; davanti ai miei occhi non era piú che la bellezza di quell'umano sforzo ergentesi nella vastità del mondo.

Spettacolo che l'anima gelosamente accoglieva e serbava. Non era la grande rivelazione: era il lavorío sotterraneo dei germi che già sentono il calore del sole vicino e ne temono e ne desiderano il pieno splendore.

Al ritorno il dottore mi disse che la moglie di quell'uomo era morta e ch'egli, abbandonando il figlioletto ai suoceri, era partito per l'America, da quel cercator di ventura ch'era in essenza; privo d'ogni progetto ma ben risoluto a non tornare. Fu l'ultima volta che intesi parlar di colui. Piansi, dopo che il dottore m'ebbe lasciata. Ero libera, la vita si sarebbe ormai resa più facile, più attiva, pel bene di mio figlio; restituendo il senso della sicurezza all'uomo che mi possedeva, riprendendo tutti i miei diritti; non avendo più dinanzi alcuna immagine del passato, io stessa sarei divenuta serena, via via, avrei potuto riprender fiducia nelle mie forze... Perché quelle lacrime? Pareva che mi si lacerasse qualche lembo di carne sana accanto alla piaga da cui mi si liberava: non era morta in me, dunque, la fede nell'amore, nell'esistenza d'un amore possente e fulgido, poi che piangevo dando estremo addio al fantasma che m'aveva illusa un attimo? Se ne andava, colui col quale avevo scambiato promesse di felicità; spariva, in un vortice, per sempre. Sapeva che il suo ricordo non poteva abbandonarmi poiché il suo rapido passaggio aveva segnato la mia trasformazione? No certo: e il mio nome pronunciato un giorno dinanzi a lui, dopo anni e anni, non gli avrebbe risvegliato che un senso di dispetto.

L'amaro non mi tornava alle labbra, ma il cuore si abbandonava di nuovo ad una tristezza mortale, alla compiacenza morbosa del buio desolato, nel vuoto. Per giorni, per settimane. Mio marito, sempre più calmo, più deciso a star in pace, si preoccupava però dell'invincibile mio male che mi curvava a terra, insisteva perché mi dessi allo studio, perché scrivessi, magari le mie memorie, la storia del mio errore. Sí, egli era calmo, si ammirava; la sua bontà gli appariva meritevole d'esser celebrata in un poema. Mi portò a casa un grosso fascicolo di carta bianca, che guardai sentendo il rossore salirmi alla fronte. Fino a quel punto poteva giungere l'incoscienza? Ma qualche giorno dopo, mentre il bimbo era dalle mie sorelle nel tepido pomeriggio autunnale, io mi trovai colla penna sospesa in cima alla prima pagina del quaderno. Oh, dire, dire a qualcuno il mio dolore, la mia miseria; dirlo a me stessa anzi, solo a me stessa, in una forma nuova, decisa, che mi rivelasse qualche angolo ancora oscuro del mio destino!

E scrissi, per un'ora, per due, non so. Le parole fluivano, gravi, quasi solenni: si delineava il mio momento psicologico; chiedevo al dolore se poteva divenire fecondo; affermavo di ascoltare strani fermenti nel mio intelletto, come un presagio di una lontana fioritura. Non mai, in verità, avevo sentito di possedere una forza d'espressione cosí risoluta e una cosí acuta facoltà di analisi. Che cosa dovevo attendermi? Dovevo chiamare a raccolta tutte le mie energie, avviarmi alla conquista della mia pace concorrendo all'opera di umanità che sola nobilita l'esistenza? O mai piú, mai piú un sorriso felice m'avrebbe resa bella dinanzi a mio figlio?

La penna si fermò, io corsi in camera, mi gettai in ginocchio al punto stesso ove, in una notte o mai lontana, avevo sussurrato ad una piccola creatura dormiente il mio proposito di morte. Come fu che mi salí alle labbra il nome di mia madre con un singhiozzo? Come fu che un bisogno m'invasa lancinante, di pregare, d'invocare la Potenza occulta a cui doveva aver ricorso tante volte il cuore di mia madre quand'era gonfio di pena? Non so. Fu l'unica volta in vita mia ch'io aspirai alla Fede in una Volontà divina, ch'io l'attesi a mani giunte. E in quell'appello era tutta la disperazione d'uno spirito che si sente debole, esausto, nel momento stesso in cui ha intravveduto una lunga via da percorrere... Mi umiliavo, irresistibilmente ma consciamente: era timore di una nuova, diversa e piú crudele illusione del mio cuore infiammato di ideale? Forse. Chiedendo l'intercessione della mamma, della mia mamma demente, pareva volessi rinnegare l'orgoglio del mio passato oltre a quello dell'avvenire: rammentavo a me stessa la fatale sconfitta di Lei, e l'inanità d'ogni ribellione in creature segnate come Lei dalla sventura. Ella aveva desiderato che almeno i suoi figli fossero salvi: a mia volta che cosa avrei chiesto a un Dio che mi fosse apparso davanti? Di allontanare dal capo del mio bambino il dolore, di fare ch'io potessi guidarlo per strade luminose... E se neppur io ero ascoltata? Se la catena doveva svolgersi cosí, in eterno?

Fui sorpresa genuflessa da mio marito, che veniva qualche volta nella giornata ad accertarsi che io non abusavo di quel po' di libertà. Mi alzai di scatto, con un senso d'onta: ero per lui uno spettacolo di debolezza! E compresi d'aver soggiaciuto semplicemente ad una crisi nervosa, da quella povera malata ch'ero ancora.

Egli mi chiedeva ansioso che cosa avessi: lo rassicurai con un gesto, mentre le lagrime tornavano a sgorgare copiose, liberatrici. Benedette, benedette! Alfine mi riconquistavo, alfine accettavo nella mia anima il rude impegno di camminar da sola, di lottare da sola, di trarre alla luce tutto quanto in me giaceva di forte, d'incontaminato, di bello; alfine arrossivo dei miei inutili rimorsi, della mia lunga sofferenza sterile, dell'abbandono in cui avevo lasciata la mia anima, quasi odiandola. Alfine risentivo il sapore della vita, come a quindici anni.

# XII

Seguí un intenso, strano periodo, durante il quale non vissi che di letture, di meditazioni e dell'amore di mio figlio. Ogni altra cosa m'era divenuta del tutto indifferente. Avevo solo la sensazione del riposo che mi procurava quella esistenza cosí raccolta, uniforme, senza sotterfugi né paure.

Un silenzioso istinto mi faceva porre da parte i problemi sentimentali, mi teneva lontana anche dalle letture romantiche delle quali m'ero tanto compiaciuta nell'adolescenza. La questione sociale invece non aveva nulla di pericoloso per la mia fantasia. Io ero passata nella vita portando meco un'inconcepibile confusione di principii umanitari, senza aver mai desiderato di dar loro una qualsiasi giustificazione. Da bambina avevo nutrito in segreto l'amore dei miseri, pur ascoltando le teorie autocratiche di mio padre. I miei componimenti contenevano in proposito degli squarci retorici che mi sorprendevano e mi lusingavano, e facevano sorridere bonariamente il babbo. Nella mia educazione era stato uno strano miscuglio. Non s'era coltivato in me il senso dell'armonia. Nessuna pagina immortale era stata posta sotto ai miei occhi durante la mia fanciullezza. Il passato non esisteva quasi per me, non andavo oltre i miei nonni, cui sentivo accennar qualche volta; e la storia che m'insegnavano a scuola mi appariva non come la mia stessa esistenza prolungata all'indietro indefinitamente, ma figurava davanti alla mia fantasia come un arazzo, come una fantasmagoria. Io non potevo quindi, in quel tempo, che riportarmi alla realtà immediata, e tutto m'era divenuto oggetto d'esame. M'ero condotta a considerar di mia iniziativa l'essere umano con un'intensità eccezionale, formandomi con inconsapevoli sforzi un culto dell'umanità non del tutto teorico. Se le condizioni di famiglia non m'inducevano ad approfondire il fenomeno delle disuguaglianze sociali, ciò che notavo incidentalmente a scuola e per via mi metteva nell'animo una volontà confusa di azione riparatrice.

Partita dalla città, piombata in paese incolto, avevo ben presto, sotto l'esclusiva influenza di mio padre, smarrito quel senso di larga fraternità che nei grandi centri è imperioso ed attivo, avevo concepito il mondo come un gruppo d'intelligenze servito da una moltitudine fatalmente ignara e pressoché insensibile. Ma anche questa credenza non aveva tardato a sconvolgersi, per cagione prima, credo, d'un piccolo episodio avvenuto verso i miei quattordici anni. Era a colazione da noi il padrone della fabbrica, un blasonato milionario. Questi aveva sfogliata una rivista alla quale mio padre era abbonato. La trovava bella, ma "troppo cara." Ciò aveva ai miei occhi innalzato la mia famiglia di fronte al riccone che possedeva due pariglie e non aveva una rivista... M'ero troppo incoraggiata a chiacchierare, perché, parlando del mio ufficio, avevo detto "la nostra fabbrica." E correggendomi la mamma, il conte aveva aggiunto:

"Lasci! È come il mio cocchiere che dice 'i miei cavalli.'"

La stizza che mi aveva invasa subitamente aveva anche scossa la mia concezione della società.

Piú tardi il matrimonio aveva prodotto una specie di sosta nel mio sviluppo spirituale.

Ed ecco che infine penetrava in me il senso di un'esistenza piú ampia, il mio problema interiore diveniva meno oscuro, s'illuminava del riflesso di altri problemi piú vasti, mentre mi giungeva l'eco dei palpiti e delle aspirazioni degli altri uomini. Mercé i libri io non ero piú sola, ero un essere che intendeva ed assentiva e collaborava ad uno sforzo collettivo. Sentivo che questa umanità soffriva per la propria ignoranza e la propria inquietudine: e che gli eletti erano chiamati a soffrire piú degli altri per spingere piú innanzi la conquista.

Un giorno della mia infanzia mio padre mi aveva parlato di Cristo. Mi aveva detto ch'era stato il migliore degli uomini, il maestro della sincerità e dell'amore, il martire della propria coscienza. Io avevo chiuso in petto quel nome, ne avevo fatto l'occulto simbolo della perfezione, senza adorarlo tuttavia, felice semplicemente di sapere che un *sommo* era esistito, che l'essere umano poteva, volendo, salire fino a rappresentare l'ideale della divinità, l'aspirazione all'eterno. Come mi era parsa puerile la mitologia cristiana! Cristo non era nulla, se Dio; ma se egli era uomo, diveniva il fiore dell'Umanità, non un dio diminuito, ma l'uomo nella sua maggior potenza. E sempre Gesú, il Gesú di Genezareth sorridente ai bimbi, il Gesú indulgente verso la pentita, incapace di rancore, sereno nell'ammonimento come nella profezia, aveva brillato davanti alla mia anima, figura ideale che mi pareva di veder offuscarsi di tristezza ogni volta ch'io mi allontanavo dalla bontà e dalla verità.

Dopo mesi, forse dopo anni di smarrimento, io rivedevo il sorriso di Cristo su la mia strada, e mi rivolgevo a lui come a una fonte d'ispirazione. Per alcun tempo vagheggiai una dottrina che unisse la soavità dei precetti del Galileo, sorti dal grembo della natura, alla potenza delle teorie moderne emanate dalla scienza e dall'esperienza, la libertà con la volontà, l'amore con la giustizia. Era come un'orientazione, come l'affermazione di una armonia.

Attorno a me, frattanto, molte cose prendevano un significato, attiravano la mia attenzione. Mi accorgevo con lento stupore di non essermi mai prima chiesta se io avessi qualche responsabilità di quanto mi urtava o mi impietosiva nel mondo circostante. Avevo mai considerato seriamente la condizione di quelle centinaia di operai a cui mio padre dava lavoro, di quelle migliaia di pescatori che vivevano ammucchiati a pochi passi da casa mia, di quei singoli rappresentanti della borghesia, del clero, dell'insegnamento, del governo, della nobiltà, che conoscevo da presso? Tutta questa massa umana non aveva mai attratto altro che la mia curiosità superficiale; senza esser superba né servile, io ero passata fra i due estremi poli dell'organizzazione sociale sentendomene isolata. Non avevo mai accolta l'idea d'essere una spostata, a cui l'osservazione del mondo si presentava in circostanze essenzialmente favorevoli. Il mio allontanamento dai volumi di scienza era una colpa assai meno grave di quella che consisteva nell'aver trascurato di gettar gli occhi sul grande libro della vita.

Ed ora? Non potevo andare fra il popolo, né rientrare in quell'ambiente il cui contatto mi era stato fatale; la mia reclusione, per forza d'abitudine, era diventata ormai cosí spontanea, che non si sarebbe potuta rompere senza sommuovere nuovamente l'esistenza della nostra casa. Dovevo limitarmi a raccogliere l'eco che saliva dalla strada alle mie stanzette.

Il giovane che mia sorella amava s'era in quell'inverno impegnato in una lotta che gli aveva alienato del tutto l'animo di mio padre: organizzava gli operai in fabbrica, li univa per la resistenza; il socialismo penetrava mercé sua nel paese. Mio padre proibí alle due ragazze di riceverlo piú oltre in casa. La fidanzata era smarrita. Malgrado la contrarietà di mio marito invitai il giovane ingegnere in casa mia. Come luccicavano gli occhi della fanciulla la prima volta che le feci trovar da me, senza preavviso, l'amato! Per lei, per l'altra bimba, per mio fratello già sedicenne, non potevo far altro, purtroppo, che assicurare quell'appoggio. Compievo su me uno sforzo riparatore troppo grande perché mi avanzasse l'energia di dedicarmi efficacemente a quei poveri abbandonati del mio sangue.

Dal giovane fui informata con esattezza del movimento che sollevava le masse lavoratrici di tutto il mondo e le opponeva formidabili di fronte alla classe cui appartenevo.

Egli aveva studiato all'estero, aveva viaggiato, e, tornato nella sua regione da due anni per dirigere i lavori di un nuovo tronco ferroviario, aveva sentito il bisogno prepotente di tentare qualcosa per quelle miserevoli popolazioni, da cui egli era pur germinato.

Mia sorella accettava tutto a priori; le idee vivevano, palpitavano nel giovane, ed ella non poteva distinguerle da lui. Io discutevo, m'infervoravo. Lenta nell'espressione, per amor di sincerità e di esattezza, inesperta nella dialettica, mi provavo poi a riprender la mia libertà di spirito a tavolino e scrivevo sul quaderno stesso a cui avevo confidato lo sfogo del mio dolore. Mi compiacevo cedendo all'impulso, poi arrossivo, assalita dal dubbio di esser vittima d'una ambizione incipiente, di *recitare una parte*, come nei tempi lontani in cui, bimba, mi figuravo davanti allo specchio d'essere una dama affascinante. Ma continuavo, nondimeno, con impeto.

Pensare, pensare! Come avevo potuto tanto a lungo farne senza? Persone e cose, libri e paesaggi, tutto mi suggeriva, ormai, riflessioni interminabili. Talune mi sorprendevano, talaltre, ingenue, mi facevano sorridere; certe ancora recavano una tale grazia intrinseca, ch'ero tratta ad ammirarle come se le vedessi espresse in nobili segni, destinate a commuovere delle moltitudini. La loro verità era infinita. Tanta ricchezza era in me? Mi dicevo che probabilmente essa non aveva nulla di eccezionale, che probabilmente tutti gli esseri ne recano una uguale nel segreto dello spirito e solo le circostanze impediscono che tutte vadano ad aumentare il patrimonio comune. Ma non ero persuasa dell'ipotesi. Tanta incoscienza e noncuranza erano intorno!

Il dottore avrebbe potuto fornire una base ai miei studi colla sua scienza, ma egli non si curava piú di nutrire il suo spirito: le necessità urgenti della sua professione l'occupavano troppo, e il suo scetticismo gli faceva apparire troppo ipotetico un mutamento di condizioni secolari, il sollievo d'una miseria fisiologica ereditaria. Mi diede però alcuni libri, trattati di biologia, manuali d'igiene, di storia naturale. E sorrideva con simpatia non priva di canzonatura, quando gli mostravo che ne avevo tratti sunti e note.

Egli era per me un fenomeno malinconicamente interessante. Mi chiedevo ancora se erano esistiti e se esistevano rapporti intimi fra lui e mia cognata, e il solo sospetto mi riusciva umiliante. Ma come viveva egli scapolo? Il caso di mio padre mi faceva fermar l'attenzione sul fatto sessuale e ne traevo riflessioni amare. Ecco, anche questo giovane, che professava un tal rispetto per me e riconosceva delle verità superiori, conducendo una vita esemplare secondo le convenzioni sociali, aveva una vita segreta forse non confessabile...

Chi osava ammettere una verità e conformarvi la vita? Povera vita, meschina e buia, alla cui conservazione tutti tenevan tanto! Tutti si accontentavano: mio marito, il dottore, mio padre, i socialisti come i preti, le vergini come le meretrici: ognuno portava la sua menzogna, rassegnatamente. Le rivolte individuali erano

sterili o dannose: quelle collettive troppo deboli ancora, ridicole, quasi, di fronte alla paurosa grandezza del
mostro da atterrare!

E incominciai a pensare se alla donna non vada
attribuita una parte non lieve del male sociale. Come
può un uomo che abbia avuto una buona madre divenir
crudele verso i deboli, sleale verso una donna a cui dà
il suo amore, tiranno verso i figli? Ma la buona madre
non deve essere, come la mia, una semplice creatura di
sacrificio: deve essere *una donna*, una persona umana.

E come può diventare una donna, se i parenti la
dànno, ignara, debole, incompleta, a un uomo che non
la riceve come sua uguale; ne usa come d'un oggetto di
proprietà; le dà dei figli coi quali l'abbandona sola,
mentr'egli compie i suoi doveri sociali, affinché conti-
nui a baloccarsi come nell'infanzia?

Dacché avevo letto uno studio sul movimento
femminile in Inghilterra e in Scandinavia, queste riflessioni si sviluppavano nel mio cervello con insistenza.
Avevo provato subito una simpatia irresistibile per
quelle creature esasperate che protestavano in nome
della dignità di tutte sino a recidere in sé i piú profondi
istinti, l'amore, la maternità, la grazia. Quasi inavvertitamente il mio pensiero s'era giorno per giorno indu-
giato un istante di piú su questa parola: *emancipazione*
che ricordavo d'aver sentito pronunciare nell'infanzia,
una o due volte, da mio padre seriamente, e poi sempre
con derisione da ogni classe d'uomini e di donne. Indi
avevo paragonato a quelle ribelli la gran folla delle inconsapevoli, delle inerti, delle rassegnate, il tipo di
donna plasmato nei secoli per la soggezione, e di cui io,
le mie sorelle, mia madre, tutte le creature femminili
da me conosciute, eravamo degli esemplari. E come un
religioso sgomento m'aveva invasa. Io avevo sentito di
toccare la soglia della *mia* verità, sentito ch'ero per sve-

lare a me stessa il segreto del mio lungo, tragico e sterile affanno...

Ore solenni della mia vita, che il ricordo non potrà mai fissare distintamente e che pur rimangono immortali dinanzi allo spirito! Ore rivelatrici d'un destino umano piú alto, lontano nei tempi, raggiungibile attraverso gli sforzi di piccoli esseri incompleti, ma nobili quanto i futuri signori della vita!

# XIII

Un fatto di cronaca avvenuto nel capoluogo della provincia m'indusse irresistibilmente a scrivere un articoletto e a mandarlo ad un giornale di Roma, che lo pubblicò. Era in quello scritto la parola *femminismo*. E quando la vidi cosí, stampata, la parola dall'aspro suono mi parve d'un tratto acquistare intera la sua significazione, designarmi veramente un ideale nuovo.

Intanto il mio scartafaccio cresceva di mole. Tentativi disparati vi si succedevano. Accanto ad impressioni visive, alla pittura rapida di qualche *tipo*, si svolgeva in cento frammenti il filo delle mie considerazioni sulla vita, tendenti ad orientarsi in una connessione, in un organismo. Un occulto ardore correva per quei fogli, che io cominciavo ad amare come qualcosa *migliore di me*, quasi mi rendessero la mia imagine già purificata e mi convincessero ch'io poteva vivere intensamente ed utilmente. Vivere! Ormai lo volevo, non piú solo per mio figlio, ma per me, per tutti.

Mi stimavo fortunata nella mia solitudine. L'aspro calvario era ben sempre sotto a' miei occhi; guardandolo restavo affascinata dal pensiero delle innumeri creature che ne salivano uno uguale senza trovare alla vetta neppure una croce su cui attendere una giustizia postuma. Donne e uomini; agglomerati e pur cosí privo ognuno di aiuto! Quella l'umanità? E chi ardiva definirla in una formula? In realtà la donna, fino al presente schiava, era completamente *ignorata*, e tutte le presuntuose psicologie dei romanzieri e dei moralisti mostravano cosí bene l'inconsistenza degli elementi che servivano per le loro arbitrarie costruzioni! E l'uomo, l'uomo pure ignorava se stesso: senza il suo complemento, solo nella vita ad evolvere, a godere, a combattere, avendo stupidamente rinnegato il sorriso spontaneo e cosciente che poteva dargli il senso profondo di tutta la bellezza dell'universo, egli restava debole o feroce, imperfetto sempre. L'una e l'altra erano, in diversa misura, da compiangere.

Nessun libro aveva la virtú di sconvolgere le mie recenti convinzioni; e nessuno, di quelli che lessi in quel tempo, mi produsse grande impressione. M'accorsi che il mio senso critico, dopo la lunga paralisi, s'era come allargato ed intensificato; e insieme scopersi nel mio spirito una sorta di nostalgia accorata per tutto ciò che la mia educazione irrimediabilmente aveva trascurato in me. La poesia, la musica, le arti del colore e della forma, rimanevano per me cose quasi ignote, mentre l'intero mio essere aspirava all'estasi ch'esse suscitano; il pensiero di cui vivevo avrebbe voluto talvolta farsi alato, confondersi coi raggi e coi suoni. Scrivendo, la mia impotenza a tradurre liricamente l'oscuro mondo interiore mi dava spesso una sofferenza acuta; ogni cosa, che non giungevo ad esprimere, ricadeva per sempre nel baratro ignoto onde era sòrta per un istante.

Nella casa tranquilla una vecchia donna, entrata stabilmente al nostro servizio, adempieva le funzioni domestiche che prima erano state quasi del tutto a mio carico. Alta e curva, il viso ossuto stranamente brutto ed espressivo, ella mi aveva destato ripugnanza al primo momento e mi aveva conquistata di poi subito colla sua intelligenza ed il suo tatto. La sua storia non era diversa da quella di molte donne del popolo, prima esauste dalla maternità, poi abbandonate dal marito emigrato, e infine sfruttate dalle loro medesime creature. Ella la raccontava timidamente, rivelando una stoica simpatia per la vita. La mia attenzione l'aveva lusingata: sin dai primi giorni la mia figura fanciullesca, colla lunga treccia ed il viso roseo cosí simile a quello del mio bimbo, era stata per lei oggetto di sorpresa; poi,la vita solitaria ch'io conducevo e i temi di discorsi con mio marito, a tavola, quand'egli era in vena di ascoltarmi, le avevano infusa una riverenza timorosa ove si mescolavano orgoglio, devozione, strane speranze per sé e per i suoi figli.

Presi a considerarla come una compagna, umile e discreta. Non ne avevo altra! Che sforzi commoventi per comprendermi quando tentavo di istruirla su qualche soggetto! Se doveva rinunciarvi, crollava le spalle curve: "Ah, signorina mia, fossi con trent'anni di meno! Chi sa che avreste fatto di me!"

Ella, con mia suocera e un'altra vecchietta che veniva qualche volta a lavorar di bianco in casa mia, mi rappresentava al piú alto grado la sommissione del mio sesso, non soltanto alla miseria, ma all'egoismo dell'uomo. Teste grigie scosse perennemente di un lievissimo tremito, come dall'istintivo ricordo degli strazî sofferti, teste stanche su cui spesso lo sguardo non osava mantenersi, quante volte vi ho baciato in ispirito, non per voi, per una fugace pietà del vostro destino, ma per l'onda ardente dei propositi che, senza saperlo, gettavate entro al mio cuore!

Mia madre, dal pauroso asilo, m'incitava anch'ella. Ero persuasa che se la sventurata avesse incontrato in gioventú un motivo d'azione fuori della cerchia famigliare, ella non sarebbe stata annientata dalla sventura. Non credevo io, a ventidue anni, di poter accettare la vita senza l'amore? Non trovavo anzi una specie di sicurezza nella convinzione che mai piú l'amore m'avrebbe sfiorata?

Non potevo percepire distintamente le deficienze ancor profonde della mia vita. Riuscendovi, avrei reciso tutti i miei ingenui entusiasmi. Guai se avessi analizzata la mia vita quotidiana! Ma esorbitavo talmente da quello che avrebbe dovuto essere il mio circolo, avevo talmente il senso di compiere uno sforzo eccezionale, che la contraddizione fra ciò che pensavo, e ciò che subivo, non mi pungeva nell'anima, non mi dava che un lieve affanno fisico.

A mezzo l'estate un lavoro, che mi si svolgeva in mente da qualche tempo, mi s'impose, e lo condussi a termine in pochi giorni: una piccola monografia sulle condizioni sociali della regione in cui vivevo, tessuta di osservazioni personali, vibrante d'emozione. La mostrai al dottore, e quando me la riportò sentii ch'egli era convinto d'una mia nuova potenzialità; e compresi anche, per istinto, senza chiedermi se me ne compiacevo o rammaricavo, che in questa attività da cui ero assorbita, egli avrebbe veduto un ostacolo nuovo al sentimento che forse nutriva per me in segreto... Elevandomi mi isolavo dunque piú che mai.

Che importava? il mio distacco dal mondo, ora, era sincero; dotata di gioventú e di bellezza, io potevo, mercé la crisi attraversata, credermi esente per sempre da ogni desiderio dei sensi. I rapporti con mio marito, cui mi rassegnavo con malinconica docilità, non turbavano il lavorío della mia coscienza. Allorché, nelle mie letture o nelle mie fantasticherie, mi trovavo dinanzi alle figure delle antiche e moderne ascete, splendenti nel loro candore di ghiaccio, non potevo ritenermi per un istante loro sorella.

Ricordo il mattino in cui mi giunse la rivista ov'era inserito fra scritti importanti lo studio, per cui il dottore mi aveva pazientemente aiutata in alcune rettificazioni. Il bimbo mi tolse il fascicolo subito, scoperse la mia firma — non sapeva leggere, ma distingueva la grafia de' miei tre nomi — mi sorrise col piccolo sorriso savio e luminoso che aveva ogni qualvolta considerava nel suo cervellino la parola stampata. Era quel suo sorriso il premio, l'approvazione quotidiana del mio sforzo. Pareva dicesse: "Io sento che tu lavori anche per me, mamma, sento che tu fiorisci, ti espandi, vivi, e perciò diventi forte e buona, e mi prepari un'esistenza forte e buona..."

Quel mattino risposi al sorriso di mio figlio con uno altrettanto savio e luminoso. Era come se mi trovassi su di una altura, col bambino per mano, e contemplassi un paese smisurato e meraviglioso innanzi di accingermi a traversarlo, sicura delle mie forze. Dietro e intorno, nulla. Nel vago e pur imperioso presentimento del futuro una pace assoluta, un riposante oblío dominavano.

Qualche settimana dopo mio marito venne a casa tutto preoccupato. Io avevo ricevuto il dí stesso una lettera di una scrittrice illustre che mi invitava a collaborare in un periodico femminile che stava per fondare, incaricata da una nuova Società editrice. Mi si offriva un modesto compenso. Speravo vederlo rallegrarsi. Al contrario mi intimò di tacere. Egli aveva saputo che l'ingegnere fidanzato di mia sorella aveva subíta una perquisizione. In quel momento un'onda di reazione percorreva l'Italia. Mio marito cercò la rivista che portava il mio articolo, alcune lettere di antichi e nuovi corrispondenti che me ne complimentavano, e buttò tutto sul fuoco: vi aggiunse un mucchio di giornali e di riviste; indi si mise a frugare tra le mie carte...

Quell'ora emerge nella mia memoria fra le piú amare e insieme le piú profonde della mia vita: notando la meschinità della creatura a cui ero aggiogata, e vedendomi cosí definitivamente divisa in ispirito e sola, sentii il brivido che incutono certi spettacoli in cui il grottesco si mescola al sublime.

Passato quel panico, continuai a scrivere e a pubblicare. Cominciavo a ricevere echi delle mie idee in lettere e in articoli. Un professore italiano, riparato di recente in Svizzera, aveva iniziato meco una corrispondenza attiva. Sotto i suoi auspici una giovane dottoressa veneziana mi aveva pure scritto e un'amicizia epistolare s'era presto annodata fra i nostri due spiriti ferventi. La mia immaginazione si popolava di figure disparate, che prendevano curiose fisionomie nell'indeterminatezza dei contorni. Di taluni de' miei corrispondenti non tentavo neppure di foggiarmi l'immagine nella mente: uno scienziato genovese, ad esempio, tutto dedito alla propaganda morale fra i marinai, era riuscito a divenirmi carissimo e oggetto di culto devoto, senza che pensassi di conoscere nulla della sua vita privata, della sua età. Di altri, di certi giovani che pubblicavano articoli o versi negli stessi periodici in cui collaboravo, vedevo invece subito i visi timidi o fatui. Le donne mi destavano maggior curiosità: le avrei desiderate tutte belle; talune mi mandarono i loro ritratti, e questi erano davvero tutti graziosi...

Sorelle?

Chi sa! Qualche rapida delusione mi pose in guardia. Via via intravvedevo lo stato delle donne intellettuali in Italia, e il posto che le idee femministe tenevano nel loro spirito. Con stupore constatavo ch'era quasi insignificante; l'esempio, in verità, veniva dall'alto, dalle due o tre scrittrici di maggior grido, apertamente ostili – oh ironia delle contraddizioni! – al movimento per l'elevazione femminile. Di ideali d'ogni specie, d'altronde, tutta l'opera letteraria muliebre del paese mi pareva deficiente: grandi frasi vuote, senza nesso e senza convinzione. E nell'azione anche, com'eran rare le donne! La maggior parte straniere.

Le giovanissime, provviste di titoli accademici, avevano quasi disdegno per la conquista dei diritti sociali. Fra queste era la mia nuova amica di Venezia, singolare ingegno critico. Fra le attempate piú d'una mi lasciò indovinare d'essere stata torturata e logorata dalla vita; e apertamente mi esortavano a non gettarmi nella mischia, a temperare i miei entusiasmi, a perseguire qualche puro sogno d'arte se proprio non mi bastava l'amore del mio bimbo e del mio nido. Sincere, certo. Le loro lettere mi lasciavano perplessa.

Mio figlio, piccolo psicologo inconsapevole, afferrava sul mio volto le sfumature della tristezza e della serenità, taceva quando mi vedeva assorta, corrugava le ciglia allorché percepiva malumore fra suo padre e me... Io gli rappresentavo tutto ciò che di migliore egli conosceva in fatto d'umanità: ero la piú savia, la piú buona delle creature; perfino i miei momenti di collera, quei momenti rari che mi rimproveravo e che erano provocati dal permanente squilibrio fisico, non suscitavano il minimo moto di rancore nel piccolo spirito; egli doveva dirsi sempre che la mamma *aveva ragione*; e quasi sempre mi chiedeva perdono, tremando non per la punizione ma per lo spettacolo del mio dolore... Povero figliuolo mio, povero bimbo adorato! Per due anni la sua infanzia fu veramente radiosa: egli poté accumulare tanto vigore di vita quale di solito un fanciullo non giunge a possedere. Era una forza oscura che prevedeva il futuro e preparava in lui nei limiti del possibile il riparo?

Due anni. Come richiamare in frammenti quel periodo singolare? Io andavo, col mio bimbo per mano, lungo le deserte strade maestre, tutte uguali, fiancheggiate di biancospini, fragranti nella primavera, polverosi l'estate. Lontano emergeva una doppia catena di altezze, colline dinanzi, dietro gli Appennini. Borgate in cima a qualche poggio si sporgevano, evocando il medio evo colle loro cinte merlate, colle casette brune raggruppate intorno a qualche campanile aguzzo. La campagna e il mare erano talora abbaglianti, talora cinerei; in certi giorni il silenzio imperava, strano e dolce, in certi altri sembrava che ogni filo d'erba, ogni goccia d'acqua affermasse la sua vita con un sussurro, e l'aria popolata di suoni diveniva come sensibile. Le linee del paesaggio m'erano famigliari da tanti anni: come nell'epoca della fanciullezza, io non analizzavo ciò che si stendeva dinanzi agli occhi, non cercavo il segreto dell'armonia che m'inteneriva o m'esaltava, che mi dava la sensazione del riposo o quello della forza, che m'identificava a sé. Mi lasciavo avvolgere dal fascino misterioso e semplice, e una riconoscenza appassionata mi fioriva nel cuore. Ecco, venivano a me le manifestazioni profonde della vita della terra, venivano finalmente integre e lucide, capaci di significare il pianto, il sorriso, l'amore, la morte. Non era troppo tardi.

Il mio passato m'appariva ormai come ordinato da un volere spietatamente saggio. Tutto non vi sembrava posto, difatti, per la preparazione dell'avvenire?

Pur non vedevo distintamente quest'avvenire. E senza direzione chiara, i miei tentativi progredivano disordinati. Che cosa desideravo diventare? Giornalista, no: cominciavo a sentir la quasi totale inutilità di quello sparpagliamento di idee incomplete. Artista? Non osavo neppure pensarci, esagerando la mia incultura, la mia mancanza di fantasia, la mia incomprensione della bellezza...

Un libro, *il libro*... Ah, non vagheggiavo di scriverlo, no! Ma mi struggevo, certe volte, contemplando nel mio spirito la visione di quel libro che sentivo necessario, di un libro d'amore e di dolore, che fosse straziante e insieme fecondo, inesorabile e pietoso, che mostrasse al mondo intero l'anima femminile moderna, per la prima volta, e per la prima volta facesse palpitare di

123

rimorso e di desiderio l'anima dell'uomo, del triste fratello... Un libro che recasse tradotte tutte le idee che si agitavano in me caoticamente da due anni, e portasse l'impronta della passione. Non lo avrebbe mai scritto nessuno? Nessuna donna v'era al mondo che avesse sofferto, quel ch'io avevo sofferto, che avesse ricevuto dalle cose animate e inanimate gli ammonimenti ch'io avevo ricevuto, e sapesse trarre da ciò la pura essenza, il capolavoro equivalente ad una vita?

## XIV

Un pomeriggio vidi rientrare inaspettatamente mio marito stravolto in viso, brutto a vedersi come diveniva ogniqualvolta gli si scatenavano nell'animo le sue passioni primitive. Era venuto a diverbio con mio padre e aveva abbandonato l'ufficio dichiarando che non vi sarebbe rientrato mai piú.

Una visione remota mi si affacciò alla memoria: mio padre, il giorno in cui aveva lasciato il suo posto a Milano. Com'egli era sereno, quasi ilare di trovarsi di fronte ad un avvenire ignoto ma libero!

Dalla stessa calma, quasi da letizia, mi sentivo invasa io, adesso, mentre mio marito mal celava il suo rammarico, non di aver offeso il padre di sua moglie, l'uomo a cui doveva tutto, ma di essersi rovinata la situazione.

La cosa era irreparabile. Mio padre non avrebbe certo perdonato. L'apparente sua indifferenza verso i figli sembrava si trasformasse da qualche tempo in un rancore piú e piú amaro, smanioso di sfogo. Forse era per l'influenza della donna colla quale passava la maggior parte del tempo libero dalle occupazioni della fabbrica. Forse sospettava che noi ci ritenessimo defraudati del denaro ch'egli spendeva largamente per quella famiglia. In verità io esitavo ancora nel giudicarlo: mi dicevo ch'egli doveva soffrire dal suo canto essendosi lasciato sfuggire per sempre il cuore delle sue creature; ch'egli non era ancora abbastanza lontano dal suo passato di fervore intellettuale e di tenerezza per non averne un'istintiva nostalgia. Certe rare volte, nel suo giardino, per qualche accenno ai miei articoli, di cui sentiva parlare, si dava a discutere, andando da una pianta all'altra, e mi suscitava ad istanti il ricordo degli anni infantili, delle suggestive lezioni tra i fiori e le erbe. Mi guardava con i piccoli occhi dai bagliori metallici, e pareva domandarmi se non trovavo in lui ancora qualcosa di superiore a tutto ciò che conoscevo; e uno struggimento angoscioso, una paura indefinibile mi afferrava... Che misterioso, imperscrutabile avvertimento la vita di quell'uomo!

Quando mio marito vide che, né spontaneamente, né in seguito alle sue ritrattazioni, mio padre lo richiamava, un'onda di disperazione lo avvolse. Evidentemente non aveva mai fatta l'ipotesi di un simile avvenimento.

Mi trovavo dunque ad una svolta del cammino?

Il problema della sussistenza mi lasciava tranquilla; ero stata abituata da bimba a pensare che chi ha volontà trova sempre di che vivere e che qualunque lavoro è dignitoso. Ma l'idea di lasciare il paese stentava a penetrare in mio marito: egli era senza diplomi, quasi senza denaro, e non piú giovanissimo: malgrado l'alto concetto che sempre aveva dimostrato avere di sé, tremava...

E tuttavia sentivo ch'era inevitabile la mia liberazione da quell'ambiente. Finita l'acquiescenza, per cui da qualche tempo mi rimproveravo, allo sfruttamento che mio padre esercitava sugli operai e che mio marito giustificava! Ora mi pareva di riacquistar dignità: respiravo piú tranquilla sopra tutto riguardo a mio figlio. Lontano! Egli avrebbe potuto dimenticare quel luogo che era stato cosí nefasto a sua madre, ove tanti malvagi esempî contrastavano alle mie parole!

Lasciai un giorno intravedere questo mio senso di gioia all'amico dottore. Egli mi guardò, tacque. Dinanzi a quel silenzio provai una punta al cuore.

Appariva stanco, sfibrato. In paese serpeggiava il tifo, ed egli andava, dal mattino alla sera, dall'una all'altra casetta di povera gente, con la persona un po' curva; la voce sempre un po' velata di tristezza doveva dare agli infermi la speranza, doveva confondersi coi suoni aleggianti intorno a chi muore o teme di morire. E veniva di rado a trovarmi.

Per alcune settimane si visse cosí, incerti. Cercar un impiego in qualche città pareva a mio marito umiliante. Ci rimaneva l'assegno di mio padre. Ma col congedo dalla fabbrica restava sospeso pure il lavoro mio di contabilità e il compenso mensile. Come avrei potuto d'or innanzi adoperare la mia attività per sostenere il bilancio familiare?

Cedetti a un'ispirazione improvvisa un mattino che mio figlio, recandomi la posta, ne aveva estratto un fascicolo e me lo portò prima degli altri, col suo fare di piccolo uomo informato riguardo alle mie predilezioni.

Era infatti una rivista milanese che amavo, il direttore, un vecchio combattente della libertà, aveva "lanciato" generosamente piú d'un giovine ingegno, e a me stessa inviava ogni tanto sollecitazioni affettuose, perché mi affermassi con qualche lavoro piú solido che non i brevi articoli ch'egli mi pubblicava con premura.

Gli scrissi esponendo le necessità sopravvenutemi.

Egli mi rispose dopo alcuni giorni che nulla avrei potuto fare a Milano, ma che aveva scritto subito a un editore di Roma, il quale aveva fondato di recente un periodico femminile. Ricevetti infatti ben presto una nuova lettera dalla romanziera che mi aveva scritto mesi avanti, in cui si diceva molto dolente ch'io non avessi

127

ricevuto la prima, perché m'avrebbe allora offerto un posto di redattrice ch'era ora occupato. Nondimeno ella poteva farmi assegnare un piccolo stipendio per lavori secondari, i quali richiedevano la mia presenza a Roma, ma non un orario d'ufficio. Ricevevo insieme i numeri di *Mulier*.

L'aspetto della rivista era simpatico, ma con un'impronta di leggerezza che mi sconfortò alquanto. Il programma aveva alcuni passi eccellenti:

"Lasciate che finalmente anche le donne dicano qualcosa di sé stesse. Gli uomini fanno dei panegirici o delle requisitorie. Gli uni, anche alti intelletti e anime profonde, hanno un astio involontario, perché la donna, oggi poco intelligente, non li cerca e non li ammira; gli altri pretendono conoscere la donna perché hanno fatto molte esperienze e molte vittime. Costoro non hanno avuto il tempo di conoscerne anche una sola: conoscono come si vincono i sensi di molte e come si può trarre da esse il maggior piacere. Niente altro.

"In realtà *la donna* è una cosa che esiste solo nella fantasia degli uomini: ci sono *delle donne*, ecco tutto."

L'articolo, non firmato, era certo della romanziera illustre, che non aveva ancora creati tipi di donna veramente individuali, ma che forse avrebbe potuto ritrarne qualcuno dei non rari che oggi incominciano a farsi notare. Esso concludeva: "Noi non promettiamo molto di piú di quello che avete sempre veduto: non domandateci troppo. L'ideale della donna non lo troverete formato di tutto punto in questa rivista piú che non lo troviate nella vita. Noi vogliamo soltanto aiutare a trarlo fuor dalle nuvole dell'utopia e metterlo innanzi alle donne d'oggi."

Ma veramente di questo ideale c'era poco nella rivista. Un articolo d'arte, il profilo di un'attrice, con varie pose, ritratti di duchesse scollate, resoconti d'avvenimenti sportivi, di feste benefiche, un articolo d'igiene.

Una rubrica dell'estero era la sola parte del giornale in cui si discuteva di femminismo.

Parlai dell'offerta, senza entusiasmo, a mio marito. Egli sfogliò accuratamente i fascicoli, rimase a lungo dubbioso. Non temeva per il colore della rivista, che gli pareva abbastanza temperato, ma pensava che ci saremmo trovati troppo in soggezione in quell'ambiente di mondanità. Si tranquillò soltanto quando gli feci osservare che io potevo lavorare in casa, rimanere isolata. Occorreva risolvere subito. Che cosa avrebbe potuto egli fare a Roma? Finí per appigliarsi a un partito che gli pareva facilmente attuabile. Andò da alcuni proprietari del luogo ed espose il progetto di avviare il commercio dei loro prodotti a Roma e all'estero. Aderirono molti. Non occorreva un forte capitale, qualche migliaio di lire soltanto, per cominciare. Sua madre, gemendo, glieli promise.

Proprio il giorno avanti la decisione, il dottore s'era posto a letto. Lo sapevamo estenuato dalla fatica; credemmo si trattasse di una crisi, forse benefica, e nessuno si impensierí. Soltanto, io mi dolevo che in quell'ora grave mi mancasse il suo consiglio. E pensavo che oltre alle mie sorelle egli era il solo per cui avrei sofferto della mia partenza dal paese.

Una settimana dopo egli era morto.

Il meningo-tifo, manifestandosi improvviso e violento, aveva atterrato l'uomo gracile che pareva covare da alcun tempo la morte. Dall'oggi al domani l'intelletto s'era oscurato, e il corpo aveva lottato, solo, per alcuni giorni, contro il progressivo sfacelo... Nessuno poteva credere alla realtà. L'agonia durò un giorno e una notte; era al capezzale la madre settantenne, accorsa quando il male s'era manifestato invincibile; una donna cui i capelli d'argento davano qualcosa d'augusto, mentre sulle labbra le errava un sorriso di bimba ingenua. Tempra eccezionale, ella aveva già composto nell'estremo sonno un figliuolo di vent'anni, soldato; assisteva costantemente il marito minacciato da paralisi cardiaca, amministrava il patrimonio complicato della famiglia dispersa; rappresentava il sacrifizio attivo e semplice, incurante di ogni critica esteriore, pago d'una salda speranza ultraterrena. Io la rivedo in quell'ultima notte del mio povero amico; con una mano asciugava il sudore della bella fronte divenuta livida, coll'altra accostava ogni tratto alla bocca già irrigidita, ove appena poteva infiltrarsi qualche goccia di cordiale, l'immagine d'un santo. Cosí spontaneo e tranquillo quell'atto, che pareva quasi impossibile anche per noi non attendere il miracolo.

Il rantolo sinistro era iniziato quando entrò il prete per l'estrema unzione. Volevo assistervi, per deferenza verso la sventurata; ma vi rinunciai dopo i primi istanti. L'intimo mio essere si ribellava a quel rito a cui lo spirito ormai assente aveva ripugnato in vita. Mi ritrassi nella stanza accanto, ove si trovavano mio marito, i medici, qualche amico. Giungevano le voci sommesse delle donne, un coro indistinto che accompagnava quella monotona del sacerdote: n'avevo il senso d'un sopruso; pregai mio marito d'accompagnarmi via, a casa, lontano, poiché nulla per me v'era, in quel luogo, della persona cara.

All'alba vennero ad annunziarci la morte. Mio marito si alzò ed uscí subito. Io avrei voluto piangere e non potevo: il mistero, quel mistero mostruoso ed augusto della *fine* mi soggiogava. Solo dopo un'ora, forse piú, vinse l'umile istinto, pensai alla perdita ch'io faceva, e la pietà di me e di quanti non avrebbero mai piú sentita la voce ferma ed affettuosa si sciolse in lagrime desolate.

Tra le lagrime pensavo che egli m'era stato accanto dal tempo del matrimonio; sei anni. Ambedue cosí diversi dall'ambiente, cosí soli! Un momento la sua anima s'era tesa verso di me: l'avevo sentito. L'avrei amato? Perché nulla ci aveva spinti l'una nelle braccia dell'altro, aveva unito le nostre due energie che forse nell'intimo non erano estranee? Forse era mancata una parola, un impulso?

Destino! Egli spariva, pensando forse di portar seco il suo segreto. Io restavo, piú che mai sola, ove diretta? per quale fine superiore salvaguardata dall'odio e dall'amore?

Non ricordo chiaramente gli ultimi giorni passati laggiú, non rammento alcun particolare...

Rivedo il mio bambino scoppiare in pianto mentre io gli dico di dare l'addio alla camera ove egli è nato, e donde i mobili son partiti. Ho l'impressione della stretta alla gola provata quando, andata in casa de' miei per salutar mio padre e strappargli una parola buona, ricevetti poche frasi aspre troncate all'improvviso da una voltata di spalle... Come in una nebbia mi si presenta un'altra scena pungente: mia cognata che scaglia invettive alle mie sorelle sgomente, venute in casa sua per abbracciarmi l'ultimo dí; e mia suocera che geme senza fine...

Un'ultima visita a mia madre: un vano appello al passato, la tortura di quell'occhio senza sguardo, di quella voce un po' roca che rideva...

Il mare, la campagna, le strade del borgo, in quella fine di settembre, dovevano avere una fisionomia dolcemente stanca, esalare la migliore espressione della loro anima... Dopo undici anni dacché li avevo visti per la prima volta, li lasciavo, movendo incontro all'ignoto. Undici anni tragici lungo i quali la mia sostanza si era andata foggiando di lagrime, lagrime di ribellione, lagrime di sommissione, lagrime di riconoscenza, anche, al Mistero invincibile... Li lasciavo senza uno sguardo, quasi fuggissi, quasi temessi di scorgere un riso ironico nelle loro penombre, l'avvertimento di non stimarmi troppo presto liberata.

## XV

Nel cielo glorioso le nuvole andavano, tutte avvolte dal sole, mutevoli e continue: le piazze, le fontane, le case di pietra, le cupole, il fiume e le pinete incise sull'orizzonte, il deserto della campagna e i monti lontani, tutto pareva seguire il lento viaggio delle nubi, tutto era com'esse immerso nella luce meravigliosa e com'esse appariva fluido ed eterno.

Anch'io ero già passata sotto quel cielo che ora tornavo a guardare; ed anche in quel mio passaggio di adolescente l'anima s'era sentita dilatare al cospetto dell'infinito azzurro. Non ero la medesima, ancora? Non cominciava ora la giovinezza? Roma appartiene allo spirito che la desidera con volontà, e mantiene tutto quanto le si chiede con vigore d'anima. E forse non era tanto lontano il giorno in cui avrei compreso in un solo sguardo la città unica, l'avrei sentita tutta nel palpito del mio cuore... Frattanto, che ebbrezza e che estasi assistere con mio figlio ai lunghi tramonti di fiamma dalla terrazza del nostro quartierino, con dinanzi il fiume e Monte Mario, dopo aver lavorato ore e ore nel silenzio dell'alto studiolo!

Mi sembra di non poter raccontare quei miei primi mesi di vita romana, cosí come non ho potuto raccontare la mia infanzia. Tutto ciò che è succedersi d'impressioni, vita pulsante per eccitazioni esteriori, scintillío di immagini, eco di suoni, non può essere da me risuscitato...

Città di esaltamento e di pace!

Riserbandomi di penetrare poco per volta la bellezza e la maestà dei luoghi sacri, esploravo lietamente le parti moderne, che mi risuscitavano il senso dell'energia umana avuto nella fanciullezza. Ma ad ogni tratto, dalla confusione e dal frastuono della vita febbricitante mi trovavo repentinamente trasportata davanti a quadri di silenzio e di sogno, lontano, in epoche non conosciute quasi, fuorché in leggende. Ed erano anche aspetti improvvisi di civiltà piú prossime e piú note al mio spirito, e l'impressione talora della presenza di grandi anime non ancora estinte, non ancora lontane dalla terra cosí improntata di loro. Se ero sola o col piccino soltanto e nulla d'estraneo mi turbava, l'intensità della commozione mi faceva qualche volta salire alla gola un singhiozzo. L'avvenire si velava, s'allontanava: il presente appariva piú indecifrabile. Ed io, piccola accanto al mio piccino, quasi dileguavo alla mia stessa coscienza.

Mi riscuotevano presentimenti vaghi di un'altra parola ancora che la città doveva dirmi. Intorno ai nuclei di pietra che rappresentavano memorie grandiose o attualità mediocri, sapevo che esistevano cinture di miseria, agglomeramenti di esseri che la società fingeva d'ignorare e nei quali intanto fermentava forse il segreto del domani...

Chi me ne aveva parlato cosí presto? Oh, forse voi, mamma buona mia e di quanti avete incontrato nella vita! Eravate, quel primo giorno in cui v'abbracciai, nel vostro ritiro sul Gianicolo. Le pareti coperte di ritratti, celebri ed ignoti, di grandi uomini e di bambini. La scrivania ampia, carica di carte. E voi, con la persona un poco pingue e curva, con qualcosa di mia madre nei tratti del volto, voi mi chiamaste figliuola, subito, e vi prendeste sulle ginocchia il mio bimbo, e ci guardaste a lungo entrambi, coll'espressione un poco astratta dei vostri dolci occhi, come a strapparci il segreto di quella nostra fusione per cui pareva che la piccola creatura aderisse ancora alla mia persona. Che cosa indovinaste? Mai, mai ho sentito, in un silenzio, tanta improvvisa compenetrazione. E quando incominciaste a parlare, a dirmi di qualcuna delle opere create in tanti anni dalla vostra meravigliosa volontà di giustizia, mi parve che un tacito convegno aveste dato alla mia anima...

Poi... Poi l'ingranaggio del lavoro m'aveva afferrata. *Mulier* aveva i suoi uffici accanto a Piazza di Spagna, io vi andavo due o tre volte la settimana, ma, come s'era convenuto, sbrigavo a casa il mio còmpito, ch'era di riassumere e tradurre articoli dai periodici esteri o di render conto di qualche libro. L'accoglienza della direttrice era stata cordiale, con una viva sorpresa per la mia giovinezza. Scrivevo cose tanto serie "con quel piglio di madonnina!"

Avevo subito capito che il suo nome era per la rivista piú che altro una preziosa insegna, ma che in realtà chi disponeva di tutto nell'azienda era l'editore, un ometto rosso e vivacissimo. L'illustre scrittrice, poco piú che quarantenne, ancor piacente, divideva il suo tempo fra i suoi romanzi, la sua famiglia e il suo salotto. La sua fama era incominciata una quindicina d'anni prima, ed ora ella si trovava in quel momento critico della carriera in cui si riconosce che la propria arte sta per essere oltrepassata e si comincia a temere di venir dimenticati. Forse perciò aveva ritenuto conveniente di non trascurare quel nuovo mezzo che le si offriva di richiamare a sé l'attenzione del pubblico. Alcune pagine veramente geniali d'osservazione e d'espressione costituivano il valore della sua opera, troppo copiosa e poco meditata. Negli ultimi tempi ella aveva bensí accolto qualcuna delle idee nuove, ma senza passione. Mancandole ogni ardore d'apostolato, ella non s'indignava di veder la sua rivista divenire manifestamente una speculazione commerciale. Dietro l'indolenza di lei, l'attività dell'editore mi pareva simboleggiare tutto un gruppo di interessi minacciati dalle nuove tendenze della donna. Quel piccolo borghese dall'aspetto quasi misero, dai vestiti sciupati, sempre tappato in un polveroso bugigattolo accanto al salone della direttrice, rappresentava i mercanti che si arricchiscono sulla vanità, sulla futilità femminile: introduceva i loro richiami fra le creazioni delle donne artiste, fra le perorazioni delle emancipatrici, fra le esortazioni delle consolatrici, delle madri sociali.

Il modello era giunto dalla Francia, come per i cappellini. Il buon gusto della direttrice e la furberia dell'editore s'accordavano nel dare un certo nesso alle cose disparate che la rivista conteneva. Cosí essa poteva introdursi negli ambienti piú opposti; e se ad una donna di seria cultura non poteva offrire che una mezz'ora di svago, alle gentili oziose, fra l'una e l'altra curiosità, poteva forse insinuare la nozione vaga di un'esistenza piú grave che si svolge parallela alla loro, e anche il senso oscuro ed inquietante della fermentazione di tutto un mondo nuovo.

Ciò era ben poco vicino al programma scritto dalla direttrice in un attimo d'entusiasmo. I primi giorni m'ero sentita umiliata, e soltanto per la necessità di non provocare i sarcasmi di mio marito, avevo iniziato di buona volontà il mio lavoro, piuttosto gravoso per una principiante. Egli non mi perdonava di averlo indotto a gettersi nel caos cittadino e s'accingeva fiaccamente alla sua impresa; per tanti anni abituato ad un lavoro metodico, subalterno, la libertà e la responsabilità gli erano d'impaccio; non riusciva a formarsi per suo conto un programma quotidiano e si volgeva astiosamente ad osservarmi, promettendosi certo di farmi sentire la propria autorità al primo cenno d'indipendenza.

Il maggior vantaggio del mio nuovo impiego era per me la gran quantità di pubblicazioni di ogni paese che pervenivano alla redazione e che potevo portarmi a casa per leggere. In seconda linea mettevo la possibilità di studiare in quel singolare ambiente qualche tipo caratteristico di donna: una dottoressa in medicina forniva nozioni d'igiene, fra cui l'editore inseriva gli indirizzi dei profumieri, delle bustaie e dei medici della bellezza; una norvegese alta, biondissima, con un nasino all'insú ed occhi azzurri e calmi, illustrava le novelle e componeva fiabe figurate pei bambini; ad una giovane signora le cui condizioni di famiglia non consentivano di far valere altrimenti il suo titolo di nobiltà e la sua "distinzione" s'era affidata la cronaca mondana. Nel salotto della direttrice, che mio marito mi permetteva di frequentare ogni tanto, a patto che evitassi di annodar relazioni, s'incontravano personalità di vario valore. Da un cantuccio, inosservata, avrei potuto acquistare quel concetto della realtà che i libri non erano capaci di darmi completamente.

Pochi giorni dopo l'inizio del mio lavoro ero stata a vedere la tipografia ove la rivista si stampava; l'editore m'aveva fatto da guida, col sorriso lievemente canzonatorio che errava sempre sulle sue labbra tumide: un compositore aveva sulla sua cassa una mia cartella: bisognava aggiungere alcune parole per comodo dell'impaginazione; e lí, nel frastuono delle grandi macchine, avevo visto l'operaio tradurre immediatamente in caratteri le parole ancor umide; il mio cuore in petto batteva e i miei occhi si velavano...

Tornavano dunque i tempi delle buone fatiche, quando tra gli operai di mio padre lavoravo gaia e trepida? Era stato un sogno il lungo intervallo, i giorni della reclusione laggiú, in un'afosa camera, sola col mio bimbo, l'anima gonfia di tragiche fantasie?

L'autunno romano svolgeva intorno la sua magnificenza. Io proseguivo ne' miei vagabondaggi assaporando tutto l'incanto misterioso degli spettacoli che mi si svolgevano dinanzi come altrettanti simboli. E talora mi passavano accanto rapide al par di fantasmi e mi guardavano per un attimo figure gravi e singolari, scienziati forse, forse stranieri a cui il sole d'Italia illuminava verità interiori, forse utopisti che avevano per patria l'avvenire. Ero ancora una romantica, ecco, e non me ne dolevo: c'era tanta somma di vicende nel passato di cui vedevo i vestigi, che potevo bene immaginare nel futuro le piú felici possibilità umane.

Mi rivedo nello studiolo, in un pomeriggio di novembre avanzato, col sole che mi obbliga a farmi schermo della mano agli occhi. Dinanzi a me è seduto un uomo pallido, emaciato, in cui brillano due occhi neri e grandi: tutta la testa è bella, serena e tormentata insieme, e la parte inferiore esprime una volontà sicura, e l'alta fronte una sovrana pace. Egli interrompe a ogni tratto il suo dire per chinarsi verso il bambino steso sul tappeto, ai nostri piedi, e fargli scorrer sui riccioli la mano delicata, pallida. Alle spalle sento mio marito che sfoglia distrattamente un libro per darsi un contegno. Colui che parla m'è stato presentato qualche giorno innanzi dalla buona vecchia amica. Autore di alcuni opuscoli assai commentati, il suo pseudomino suggestivo mi era già noto prima: avevo saputo che celava un alto funzionario dimessosi dal suo ufficio per poter liberamente difendere il vero: in dura povertà, egli attendeva ad un grande lavoro filosofico. Il suo sorriso di simpatia spontanea mi aveva tutta compiaciuta e m'aveva dato l'ardire d'invitarlo in casa mia malgrado la diffidenza di mio marito.

Egli mi dice tante cose, con una voce calda a cui

l'accento meridionale dà una velatura di dolcezza. Dice senza enfasi, come ascoltando un dettame interno: sulla donna, sulle leggi, sul costume, esprime la mia stessa critica, con la vigorosa semplicità che a me manca; ma intorno alla scienza, intorno ai sistemi di ricostituzione sociale oggi in voga, le sue parole diventano singolari per ironia, per disprezzo; mi esorta a ritenermi fortunata per la mia mancanza di studi; demolisce, seccamente, la base delle vane ed orgogliose ricerche che l'umanità ha in corso; e, ad un tratto, alzatosi in piedi, sembra che una visione immensa si stenda dinanzi alla sua anima, per lui soltanto. E subito egli non parla già piú di errori e di follíe, e neppure di sacrifizi; accarezza di nuovo il bimbo, accenna alla propria infanzia selvaggia, mi stende la mano con moto rapido, come segnando un patto. Se ne va, col suo segreto...

Mio marito tace, esce anch'egli dopo un momento; il piccino mi vede assorta, continua a guardar le immagini di un grosso libro. Penso a mio padre, ai brividi che certi suoi accenti mi davano negli anni lontani in cui assorbivo da lui la vita dello spirito. Fino a quel giorno nessuno piú m'era apparso dinanzi come un'individualità libera, come un interprete della verità, come un maestro. Credevo che l'èra dei veggenti fosse chiusa: non era dunque vero?

Una vertigine mi afferra, per un attimo. Indi la calma torna. Non sono pronta ad affrontare qualunque rivelazione? E prima di riprendere il mio povero lavoro di giornaslista guardo dalla terrazza il disco abbagliante del sole sopra i cipressi di Monte Mario, e le due fasce incandescenti che lo attraversano e arrossano l'orizzonte. E mi pare che quel tramonto si fisserà per sempre nel mio ricordo.

# XVI

Venne Natale, cogli arbusti delle rosse bacche sui giardini della Trinità dei Monti, coi presepii di Piazza Navona, delizia del mio piccino; venne la stagione dei teatri e delle conferenze, ed il febbraio coi primi rami fioriti; per le vie stormi di giovani straniere, alte, bionde e ridenti, passavano recando sulle braccia le candide nuvole di petali. Talvolta anch'io e il mio bimbo portavamo a casa quei tenui annunzi primaverili. Dalle pareti alcune fotografie, le Sibille della Sistina, il tragico e dolce Guidarello sul suo guanciale di pietra, un calco dell'Erinni dormente, dono della disegnatrice norvegese, alcuni ritratti, Leopardi, George Sand coi grappoli di neri capelli, Emerson, Ibsen, figure di genî e di simboli, sembravano animarsi nei luminosi riflessi dei fiori, lievemente colorirsi. Scendeva da essi come ûn conforto alla fatica e alla speranza. Il bimbo correva a giocare sul terrazzo. Lavorando, continuavo a sentirmi alitar nello spirito, in maniera confusa, le idee e le immagini accolte durante la passeggiata, nei prati di Villa Borghese o sulla deserta duna del fiume.

La sproporzione fra questi pensieri e il lavoro alquanto meccanico che compievo era grande. Ma non mi dava pena. Ormai le mie velleità ambiziose di scrittrice eran lontane; trovavo una certa bellezza anche nel còmpito oscuro di trascegliere notizie e raccogliere dati di fatto intorno agli argomenti che piú mi premevano. E m'indignavo vedendo piovere in redazione libri mediocri firmati da donne, vere parodie di libri maschili piú in voga, dettati da una vanità ancor piú sciocca di quella delle pupattole mondane di cui l'editore riproduceva in fotografia gli appartamenti *modern style*. Come mai tutte quelle "intellettuali" non comprendevano che la donna non può giustificare il suo intervento nel campo già troppo folto della letteratura e dell'arte, se non con opere che portino fortemente la sua propria impronta?

Esprimevo tali considerazioni alla direttrice, trepidando, per la mia abitudine al silenzio e per timidezza. La direttrice mi guardava sorridendo con gli occhi miopi, sospirava, e qualcosa come una leggera ombra passava in essi. Mi pentivo quasi delle mie osservazioni: immaginava forse che la piccola sconosciuta ch'io ero, il suo "Perugino" com'ella mi chiamava, osasse giudicare anche la sua opera?

Di quest'opera ella non era del tutto soddisfatta, lo sapevo: e neppure di sé, della sua vita intima doveva esser lieta. Suo marito, giurista di valore, non era il compagno creato per lei, benché avesse intelligenza, cultura, gusto fine, e paresse a tutti un marito e un padre modello. Non aveva mai intralciato in alcun modo le aspirazioni della moglie.Si stimavano reciprocamente: per le due figliole restavano uniti e volevano farsi credere felici. Ma la maggiore di queste, forse, cominciava a indovinar qualcosa: i suoi diciotto anni rivelavano una personalità già forte, e sotto la bellissima fronte venata d'azzurro dovevano maturar propositi di fiera coerenza tra la sua vita e l'ideale. Ella era l'avvenire. Dinanzi a lei avevo sentito per la prima volta che v'erano esseri piú giovani di me, che avrebbero potuto ereditar da me qualche favilla e tramandarla piú alta nel tempo.

Ma sarebbe mai apparso fuor della mia anima un segno dell'interno fuoco?

La stessa domanda mi pareva di leggere qualche volta negli occhi della buona vecchia mamma dei miseri, quando nel suo ritiro, ai suoi piedi su uno sgabello, l'ascoltavo parlarmi della sua vita meravigliosa. Se la figliuola della direttrice mi rappresentava la speranza del domani, il formarsi di tutta una umanità muliebre piú conscia e dignitosa, questa donna a cui la fronte splendeva sotto i capelli bianchi era bene l'immagine del genio femminile manifestatosi attraverso i secoli in qualche rara individualità piú forte d'ogni costrizione di legge o di costume. Mazziniana fervente nella sua prima gioventú, aveva trasportato presto la sua forza rivoluzionaria nel campo sociale. Il suo temperamento la spingeva all'azione diretta e non alla propaganda. Da trent'anni dacché era arrivata alla capitale dalla Lombardia e s'era unita liberamente con uno scultore illustre, il suo lavoro per redimere sventure era stato incessante, incalcolabile. La sua pazienza nel perseguire miglioramenti parziali, riforme di istituti benefici, aiuti degli enti pubblici, la sua tenacia nel bussare alle porte dei ricchi per ottenerne la piccola elemosina, contrastavano stranamente con la sua credenza nella necessità ultima di sconvolgere col fuoco e col ferro la massa oppressiva delle istituzioni formate dalle classi superiori. Aveva mai lasciato intravedere questo terribile pensiero a qualcuno dei giovani operai che la ascoltavano nella Scuola Popolare da lei fondata? La sua ricca natura univa l'amore pratico per la vita umana all'indignata rivolta teorica contro i tarlati ordinamenti; e nessuno come lei sentiva la tragica bellezza della nostra epoca, coi suoi sparsi tentativi sociali, coi suoi presentimenti di rivelazioni scientifiche innovatrici e colla ricerca di nuove idealità oltreumane. In tanti anni, nell'ambiente artistico e cosmopolita del compagno e in quello popolare ch'ella studiava, aveva conosciuto grandi poeti ed ex-galeotti, donne sventurate, uomini di Stato e fanciulli vagabondi. Anche ora nel suo studiolo apparivano creature dai piú diversi linguaggi, e sembrava che sfilasse cosí dinanzi a lei l'umanità, varia e una. Talvolta udivo costoro parlare di altre genti ancora, di moltitudini remote che della vita e dell'universo hanno una concezione per noi incomprensibile. Il pensiero della nostra civiltà in cammino su una parte cosí piccola del pianeta mi si presentava con sgomento. Roma, sí, era il centro ideale, la comune patria delle stirpi privilegiate. Ripartivano quei pellegrini che avevano tante, tante aspirazioni comuni e che non potevano contemplare una comune opera irradiata da questo cuore del mondo, Roma!

Alternative d'entusiasmi e di scoramenti. La prima volta che penetrai colla vecchia amica in alcune case del quartiere di San Lorenzo, sentii divampare improvviso, anche nel mio sangue, l'oscuro istinto della distruzione... Su la strada il cielo splendeva intenso: i colli tiburtini, in fondo, sorgevano come un paese di serenità. E negli àndeti dei portoni già si obliava il sole; si salivano delle scale, chiazzate d'acqua, buie; e ai lati dei pianerottoli s'aprivano corridoi neri, e da questi uscivano donne scarmigliate, il seno mal coperto da camicie sudicie, lo sguardo ostile... Da quali profondità di orrore sorgevano le tremende apparizioni? E le voci rauche non imploravano neppure, davano notizie di malattie, di nascite, di scioperi forzati, di ferimenti, con indifferenza. Scendeva dai piani superiori qualche bimba bionda, ancora rosea, ancora coll'arco delle labbra aprentesi ad un sorriso schietto. Scompariva. E dalle stanze spalancate esalavano odori insopportabili, e dall'intero casamento, in basso, in alto, uscivano strilli, lamenti, richiami...

Oh quel paese di serenità che si staccava ancora sull'orizzonte, lontano, quando tornavo su la strada! Rifugiarsi là, tra il verde e le acque, dimenticare che esseri umani, uguali a me, a mio figlio, a quella santa che mi guidava, vivono fasciati di cenci, col respiro corto, colle membra fredde, senza saper neppure che cosa li tien chiusi in quegli antri con mano di ferro!

Il dovere era là, nella mischia, in faccia a quella realtà spaventevole. E lí bisognava trascinare tutti quelli che godono della luce, dell'aria pura, delle cose belle, semplici o raffinate, necessarie o superflue; tutti quelli che passeggiano sorridendo tra i palazzi e le fontane, che si affollano agli spettacoli, che si pigiano al passaggio di qualche principe o all'inaugurazione di qualche statua vana. Trascinarli. E quando potessero ancora dimenticare, suonasse pure l'ora della catastrofe!

Un essere solo m'appariva al di sopra di questo dovere e m'afferrava e teneva sospesa l'anima oltre ogni visione di male e di bene. Era l'uomo misterioso che sembrava possedere qualche grande segreto sulla vita, il "profeta" come la direttrice di *Mulier*, sorridendo lo designava. Mio marito faceva per lui un'eccezione permettendomi di riceverlo; la fama ascetica dell'uomo lo rassicurava. Ma le sue visite erano rare e brevi. Qualche volta ci incontravamo in istrada, e m'accompagnava per un tratto; abitava nello stesso nostro quartiere Flaminio. Il bambino gli offriva spontaneamente la manina. Che cosa andava unendo a me e a mio figlio quella creatura solitaria, enigmatica, forse malata? Egli aveva l'incosciente bisogno, ogni tanto, di parlare, di lasciar intravedere qualche barlume di quel mondo in cui, tutto solo, si moveva... E mi trovava capace di ascoltarlo. Ma non era neppure un barlume ch'io vedevo: di concreto non sapevo altro se non che nell'opera a cui egli lavorava doveva esser racchiusa una parola di estremo beneficio per gli uomini...

La prima volta m' ero domandata con terrore s'egli era un mistico, un pazzo. Via via l'impressione paurosa era andata dileguando. Io che non avevo mai osato addentrarmi negli studi psichici pur riconoscendo ch'era questa una specie di timidità intellettuale, io mi sorprendevo ora ad accettar quasi l'ipotesi che quest'uomo potesse svelarmi qualcosa in cui avrei creduto per virtú occulta.

Egli mi parlava del mistero, degli sforzi compiuti dall'umanità, per affermare un'origine e un destino ultraterreni. Un fascino m'avvolgeva, e mi sentivo quasi arrossire ricordando la facilità con cui avevo risolto per mio conto la crisi religiosa nell'ora piú grave del mio passato. Quell'uomo mi significava una potenzialità di sofferenza spirituale, ch'io, dovevo confessare, non possedevo. Sterile sofferenza, forse. Ma non era in quello spasimo la nobiltà suprema dell'essere che tende a superare se stesso?

E fioriva in me per lui un umile sentimento, materno e figliale insieme, del tutto nuovo nella mia vita. L'austerità della sua esistenza , e quella forza singolare del carattere per cui egli si inibiva ogni confidente abbandono, e il suo aspetto, anche, cosí gracile e insieme cosí fiero, mi attraevano. Se ne accorgeva egli? Non me lo chiedevo. Ad ogni modo non era in me alcuna manifestazione di fervore, e neanche mio marito commentava i nostri rapporti.

Parlava poco di sé, come se tutti dovessero ignorare la sua vita di stenti, lo stoico suo distacco da ogni dolcezza. Pareva che tutto ciò che il destino ancor metteva, di tanto in tanto, a sua portata, sorrisi di bimbi, devozione di donne, ristoro di sole, egli lo accettasse come diretto a una parte insignificante del suo essere, capace ancora d'allietarsi, ma priva di influenza sul suo spirito e sulla sua volontà.

Doveva aver immensamente sofferto, nel passato.

Forse aveva trovato un rimedio nell'analisi, osservandosi; doveva essersi convinto che l'uomo soffre di cose meschine. Le privazioni materiali e sentimentali, la mancanza di pane, di benessere, di cure, di affetto, tutto questo fa soffrire l'uomo. Ma l'uomo grande è quello che si avvezza a far senza di tutto questo, e può viver solo, nutrirsi di se stesso, isolarsi dall'umanità e dalla vita...

A tale stato voleva condurre tutti noi? non era ammissibile. E allora, che significava l'oscura esortazione all'attesa che egli mi rinnovava di tratto in tratto?

Parlavo di lui colla buona vecchia mamma. Ella lo conosceva dà parecchio tempo, aveva per lui una speciale tenerezza. Lo aveva mai condotto seco a veder qualche miseria mostruosa?

Sí, ed altre egli ne aveva osservate, lontano, a Londra, a Nuova York.

"Vedi, figliuola: egli deve dirsi sempre che ogni tentativo di rinnovamento sociale è puerile, senza il soccorso della nuova fede ch'egli vuol dare agli uomini. Egli cerca un assoluto e nulla è piú inutile, anzi nefasto, che l'assoluto, quando sappiamo che tutto muta, e che si muore. Egli cerca probabilmente una nuova prova dell'immortalità dell'anima, poiché le vecchie non reggono piú. Ma gli uomini hanno creduto fino ad oggi a questa immortalità, e non sono divenuti migliori..."

Gli occhi le si velarono:

"Nessuno piú di me desidererebbe il conforto di ritrovare dopo morte chi ha amato! Io ho sperato per tanti anni che il destino non mi facesse sopravvivere al mio compagno. Non è stato cosí... Ma la dolcezza della nostra unione mi avvolge ancora tutta nel ricordo, mi consente di fare questo ultimo tratto di cammino sola... Io ho avuto la mia parte di bene. Cara, bisogna far che l'uomo ami la vita in quanto essa è suscettibile d'esser bella *per tutti*, materna *verso tutti.* E non è guardando oltre la morte che si può raggiungere questo scopo."

Io pensavo a tutte le volte che avevo sentito "staccato" dal mondo, lontano, quell'uomo. Egli non aveva neppure discepoli; nessuno dei tanti giovani che s'affollavano nelle redazioni delle riviste maggiori, ed invocavano in versi "l'atteso," aveva l'impulso d'interrogarlo, di scandagliare il suo segreto.

La vecchia amica si rassegnava:

"Egli è veramente *un esemplare unico*, ed io mi compiaccio certe volte con un po' d'estetismo che mi sia caduto sotto gli occhi. Ne arrossisco, perché, in fondo, egli mi desta una gran compassione... E tu, piccina, hai subíto un poco il suo fascino? Le donne non sono mai insensibili alle manifestazioni mistiche... Se potessi mostrarti il mio esempio, ti direi che io credo nel mistero, che ho anch'io, come si dice, le finestre aperte sul mistero. Ma non posso stare tutto il giorno alla finestra, e c'è tanto da fare in casa!"

Ella sorrideva con una ironia che nascondeva un'appassionata tenerezza. Come delicatamente ella sfiorava le anime! Avrei mai un giorno potuto espandere intera la mia con lei! Sentivo lento lento un affanno salire. Per quella nobile creatura la vita era amore: e se l'amore è tutto nella vita, io non conoscevo ancora la vita...

Si giunge alla fine di febbraio: l'influenza infieriva, mio figlio s'ammalò, dapprima senza sintomi gravi, indi rapidamente precipitando verso il pericolo. Mai quella creaturina era stata inferma: qualcosa mi trascinò fuor di me, in quei giorni di terrore inobliabili, e di cui pur non conservo un distinto ricordo. Una sola notte rivivo. Alcuni accessi nervosi violenti, seguiti da vere allucinazioni, da barlumi di furore, – per cui il caro viso, ove poco tempo innanzi ancora i cinque anni sorridevano, diventava irriconoscibile, spaventoso,— avevan fatto spuntare nella mente mia e degli altri presenti un sinistro fantasma: meningite... La parola mi danzava nel cervello, lo riempiva. Si attendeva la dottoressa. Coperta solo di un accappatoio, tremante pel gelo della notte e per la febbre che da tre giorni serpeggiava anche nelle mie fibre, mi curvavo sul bimbo che a volte mi respingeva o mi guardava àtono senza riconoscermi; mi gettavo su una poltrona lí presso, mi rialzavo. Per un'ora o due, forse, immaginai mio figlio perduto, mi raccolsi in questo pensiero, sentii le lagrime, sgorgate irresistibili alla vista degli spasimi infantili, asciugarsi; mi chiedevo: "Potrò trovar subito un mezzo per morire, o dovrò giuocar d'astuzia per deludere la sorveglianza di costoro?" Nessun richiamo mi veniva dalla vita poi che la vita si chiudeva su mio figlio, su colui pel quale soltanto avevo riaperto con rassegnazione gli occhi in un'altra tragica notte...

La crisi nervosa fu superata; per quarant'ore circa dalla boccuccia rossa non era uscita una parola dettata dall'intelligenza o dalla volontà; una piega ostinata, amara, l'aveva contratta; gli occhi, piú larghi, sembravano interrogare su ciò che avveniva e inquietarsi di non comprendere... Non rivedo le fattezze straziate dal male, ma risento la sofferenza acuta di quella vista. Avevo la febbre, non potevo percepire ciò che accadeva in me, e impressioni lancinanti si succedevano, si confondevano. Ricordo il risveglio, invece: un attimo divino: il sorriso che si abbozza su quelle povere piccole labbra, che irraggiava il visino bianco, mentre una vocetta esile nuova e insieme antica, rispondeva alla dottoressa che gli domandava il nome... Oh, nome, nome di mio figlio che da quell'ora mi divenisti parola di vita!

Il male seguí il suo corso regolare: il piccino era docile, quasi preoccupato lui stesso di guarire; non v'era da lottare per compiere le prescrizioni mediche. Nei momenti di maggior sollievo, quando la febbre gli dava requie, egli mi chiedeva: "Che avevo, mamma, l'altra notte?... Vedevo rosso... tu non c'eri, tu non c'eri...". E una manina saliva a carezzarmi il viso. Nella piccola stanza una luce violacea penetrava mentre i pomeriggi di marzo, di là dalla terrazza, inondavano il cielo di nubi dorate. Poi, l'ombra subentrava, e le lunghe ore notturne sfilavano. Io rimanevo sola a vegliare, fin verso l'alba.

La figura di mio marito si disegnava talora torbida nella notte, mentre restavo con lo sguardo avvinto alle linee incerte e dolci della testina riversa sul guanciale. Durante il periodo acuto della malattia di nostro figlio l'avevo visto sinceramente commosso. Ciò non mi aveva dato un solo fremito, chiusa come ero nel tragico cerchio delle mie sensazioni materne. Come due estranei, avvicinati momentaneamente dalla sventura, le nostre persone ritte da un lato e dall'altro del letticciuolo, non avevano avuto neppure per un istante un moto, un gesto, l'una verso l'altra...

...L'esistenza adorata era salva, rivolta di nuovo verso l'avvenire. La consideravo ormai con calma, con la stessa sicura energia con cui avevo considerato la sua possibile fine. Essa era la parte migliore di me, che riposava e si ritemprava cosí, la parte vergine, ignara, possente, quella che avrebbe debellato ogni insidia, come testé la morte. Ma l'altra parte, la creatura vegliante, agitata da ricordi e da presentimenti, debole e incerta nella sua dolorosa esperienza? L'altra viveva d'una vita intensa come non mai, scrutava senza risultato le tenebre circostanti, temeva forse per la prima volta con tale sincerità, di sé stessa e del suo destino...

Perché avevo pensato tanto naturalmente alla morte quando mio figlio era in pericolo? Non esistevo io dunque indipendentemente da lui, non avevo, oltre al dovere di allevarlo, oltre alla gioia di assisterlo, doveri miei altrettanto imperiosi?

Tre anni quasi erano trascorsi dal mio tentato suicidio. Durante l'incessante ascesa avevo voluto persuadermi, persuadendo altrui colla penna e coll'esempio, che la vita va vissuta per un fine piú largo che non sia quello della felicità individuale, che ogni rinuncia è possibile e divien facile, quando si giunge a sentire la necessità del legame sociale. Mi ero esaltata tante volte dinanzi a questa concezione, mista di ascetismo e di paganesimo, glorificante insieme l'azione e la contemplazione. Senza le lusinghe di una fede pietosa, avevo sentito crescere in me forze insospettate, che erano state capaci di attutire le voci del senso e del cuore.

Illusione! Menzogna! Io che predicavo la forza di vivere, io, poche notti prima, avevo sentito questa forza estinguersi come per incanto col suono d'una fievole voce infantile. Il mio ideale di perfezionamento interiore crollava dinanzi alla realtà di questo fatto: una cosa sola, ora come tre anni prima, era realmente *viva* in me, viva e formidabile: il legame della maternità.

# XVII

La convalescenza del piccino fu lunga: al principio di aprile andammo, noi due soli, a passare alcuni giorni a Nemi: nel verde rinascente dei boschi la creatura amata riacquistò finalmente tutta la sua vivacità. Dolcezza ineffabile di quella nostra solitudine dinanzi alla piccola conca glauca e silenziosa del lago! Gli occhi di mio figlio, dopo la malattia, parevano ancor più profondi e pensosi; il sorriso esprimeva una tenerezza più vibrante. Egli era ormai entrato nella fanciullezza, ormai i ricordi dovevano cominciare ad imprimerglisi nel cuore. Per lui, per lui!... La coscienza della mia dedizione, ora ben lucida, mi avrebbe sorretta?

Mi riposi al lavoro. Tutte le mie colleghe mi avevano dimostrato pietà e cortesia eccezionali, e tanto l'editore quanto la direttrice erano stati indulgenti per la mia prolungata assenza.

Mi piaceva percorrere ogni giorno, anche col tempo cattivo, come una qualunque lavoratrice, il breve tratto di strada da casa mia all'ufficio della rivista, lottando collo scirocco o colla tramontana. Giungevo in redazione col volto un poco acceso per la corsa. Sedevo; tagliavo le pagine delle riviste appena arrivate, dei libri nuovi. Era una piccola ricognizione nel paese della cultura, ove erano sempre per me regioni inesplorate, qualche mutamento di scena, qualche rivelazione improvvisa. Notavo quello che mi proponevo di leggere, di approfondire o soltanto di sfiorare. E subito desideravo di portar tutto a casa, di esser sola coi miei tesori sempre rinnovati; ma l'editore usciva dal suo bugigattolo, sfogliava anch'egli, m'accennava le "varietà" piú insipide, metteva il dito sulle interviste, sulle cronache del pettegolezzo letterario. La lotta dei romanzieri cattolici coll'Indice, le conversazioni del Papa, ogni ricevimento intellettuale della Regina madre: guai a lasciarsi sfuggire qualcosa di tutto ciò. Facevamo delle distinzioni da causidico fra le redattrici, per poterci rimbalzare l'una sull'altra questi temi, dei quali i piú noiosi erano talvolta bonariamente assunti dalla direttrice. Ella era talmente ricca d'immagini e d'aggettivi, che si disimpegnava del lavoro in un attimo. Dava sempre ragione all'editore. "C'è modo di far passare qualunque cosa: con un po' di garbo, caro Perugino, con un po' di garbo puoi far l'elogio tanto dello struzzo, provveditore dei cappellini, quanto di sant'Antonio, protettore del matrimonio!" E cosí con una barzelletta risolveva ogni questione.

Garbo lei ne aveva! La disegnatrice norvegese aveva fatto tutta una serie di caricature sul garbo della direttrice. Buona ragazza! La prima volta che andai nel suo piccolo studio, sui Parioli, mi pose tra mano, con un piglio speciale, tutto nordico, misto d'ingenuità e di furberia, una cartella in cui mi vidi con mia enorme sorpresa disegnata in molti atteggiamenti, dei quali alcuni mi lusingavano, altri mi stupivano, molti m'offendevano acutamente nell'intimo. Era come uno specchio, davanti al quale io non avevo posato e che m'aveva riprodotta quando meno me l'aspettavo. Credo che per la prima volta mi diedi a riflettere sull'ironia, questo frutto amaro di terribili delusioni, ch'io non possedevo né possederò forse mai, perché non sarò mai del tutto delusa, essendo il mio ideale lontano, oltre la mia breve vita.

Quand'ella portò a casa mia alcuni di quei disegni (veniva spesso, dopo la malattia del mio bambino, per il quale sentiva una vera passione) mio marito ne rise in modo goffo. Provai una punta di dispetto contro l'amica; ella dovette incominciare a indovinare quali rapporti fossero tra lui e me.

Per guadagnarsi la mia confidenza mi narrò la sua storia. I suoi l'avevano data, a sedici anni, a un pastore del suo paese. "Ah che noia, mia piccola, che noia!" Compresi finalmente il significato vero di questo ch'era il suo intercalare abituale, sovente impiegato fuor di proposito. Il vederla raccontare con quella bocca mobilissima, sempre sorridente, – ma con un sorriso che aveva tutte le sfumature, dalla letizia al dolore, – col contrasto di quegli occhi d'un azzurro implacabilmente sereno, la sua vita di cinque anni in casa del suo santo carceriere, fu per me la rivelazione della grande arte spontanea e profonda che mi si manifestò di poi nei capolavori nordici.

"Lui mi amava, sai! Eravamo due servi di Dio, e mi amava come una compagna di servitú. E Dio era sempre presente, in ogni occupazione, a tutte le ore, in tutti gli angoli della casa. Ah che noia, che noia!"

Un giorno ella gli aveva detto francamente che avrebbe desiderato "andar lontano da Dio!" Ci fu una disputa. Lui amava prima Dio, poi lei. Ella gli disse di scegliere...

"Il Dio degli italiani è piú divertente," aggiungeva, "si può servirlo senza stancarsi, perché in fondo non siamo mica sicuri che lui si accorga di noi. Quando se n'ha bisogno lo s'invoca, poi lo si saluta e andiamo pei fatti nostri."

E se n'era venuta sola in Italia, il paese vagheggiato sin dalla fanciullezza; aveva fatto l'istitutrice, disegnato per giornali di mode: l'esito dei primi saggi della sua arte originale l'aveva incoraggiata a dedicarvisi interamente.

"Certi giorni ho avuta visita da una dama... *Lady Hunger*, Madonna Fame" raccontava la coraggiosa. "Era brutta, sai!"

Con lei entrava in casa mia un'ondata di gaiezza. Ella riusciva a farmi ridere come non avevo riso dagli anni infantili; il suo spirito mi rianimava. Mio marito pure, ascoltandola, smetteva un poco il cipiglio abituale; l'urtavano in principio quei modi spigliati e inconsciamente provocanti di una donna artista che conosce la grazia della propria persona e dei propri atteggiamenti; ma poi quella gioconda vitalità femminea doveva averlo disarmato, ed anche quell'eleganza originale degli abiti lunghi, ondeggianti e avvolgenti. Non protestava per la crescente intimità nostra, ci accompagnava perfino a qualche spettacolo, quando non era troppo preoccupato per le difficoltà della sua impresa; ed arrischiava qualche scherzo, che ella accettava per il suo sapore esotico, ricambiandolo con fini canzonature. Allora mio marito si eccitava oltre misura. Una volta ch'ella gli fece con pochi tratti, e ridendo con una punta di sprezzo, una caricatura atroce, egli mi maltrattò per due giorni, finché nella seguente visita ello non lo calmò con alcune parole gentili.

La Rivista festeggiò il suo primo anniversario con un ricevimento. La disegnatrice aveva allestito una piccola esposizione di bianco e nero, in cui trionfava una serie di schizzi deliziosi sulla convalescenza del mio bambino, il quale fu pure ammiratissimo in persona. Io m'ero lasciata preparare un vestito dall'amica, una semplicissima tunica bianca che accentuava il mio tipo che dicevano quattrocentesco. La direttrice passava da un gruppo all'altro corteggiata dalle dame. Vedevo per la prima volta da vicino e nei loro parati da cerimonia le aristocratiche figure che una collega elogiava nella cronaca dei ricevimenti, delle *garden party*, delle caccie alla volpe: fiori di serra eccezionalmente curati, alcuni fragili, altri prosperosi, altri morbosi. Conobbi fra esse due scrittrici, una poetessa che in versi squisiti esalava una sensualità raffinata e agli spiriti alti quasi ripugnante; una romanziera cattolica che eccelleva nell'analizzare adulterî di desiderio coronati dal pentimento e dall'elogio del matrimonio indissolubile. Queste due donne dal temperamento cosí somigliante si odiavano e si sorridevano, mentre i loro mariti, due principi romani militanti uno tra i guelfi, l'altro tra i radicali, si scambiavano complimenti freddi.

La disegnatrice, alta, con una clamide di audacissimo giallo, su cui la testa bionda si ergeva come una spiga, superando colla fronte quasi tutte le persone nella sala, s'inchinava verso le damine come su pupattole gentili: pareva appartenere ad un'altra umanità. Le si avvicinò un momento una robusta matrona, un'attrice tragica quasi settantenne, appunto mentre un professore, marito di una collega che si occupava di questioni didattiche, mi chiedeva in tono un po' pedantesco: "Questo è il regno di *Mulier* o di *Foemina?*" Io non potevo rispondere al suo latino, ma indicando verso quelle, gli dissi: "Ecco due donne!"

Avevo conosciuto l'attrice presso la mia vecchia rivoluzionaria: erano legate d'intimità da quasi mezzo secolo. Nei loro discorsi passavano le figure eroiche della indipendenza nazionale. Repubblicana fervente come il suo grande maestro, Gustavo Modena, l'artista udiva ora affaticarsi le trombe della fama intorno ad attrici che erano mosse piú dai nervi che dall'anima: ella non aveva mai adulato né i palchi, né la platea e credeva ancora che il teatro fosse una missione.

Accanto a lei tutto il mondo che si agitava in quella sala mi pareva effimero. Com'erano rare e isolate le vere donne! *Domina*, signora, m'aveva detto il galante professore. Signora di sé stessa la donna non era di certo ancora: lo sarebbe mai?

La norvegese mi veniva ora incontro, accompagnata da un giovine alto come lei, dall'aspetto simpatico di studioso: me lo presentò. Era un fisiologo già favorevolmente noto. Mi dimostrò subito una grande cordialità, mentre parevami che la disegnatrice lo incoraggiasse. La sua simpatia verso di me non era che il riflesso di quella che lo legava evidentemente all'amica mia: non riusciva difficile, guardandoli mentre si scambiavano delle osservazioni comuni, sentire che qualcosa come un intimo consenso li univa nei loro silenzi.

Mio marito restava in un angolo, disorientato, senza saper nascondere il suo malumore, rasserenandosi soltanto quando la norvegese, sollecitata da tutte le parti, gli si avvicinava. Gli portai il bimbo, per dargli modo d'avere un contegno: egli lo respinse: "Vuoi disfartene per brillare!"

Dolore e sdegno m'assalirono. Protestai una indisposizione ed uscimmo. Né per istrada né a casa parlai. A che pro? La sua non era piú gelosia: era un livore oscuro, era umiliazione, era manía d'imporsi, come per sfida, vedendo affermarsi la possibilità della mia indipendenza. Ed io non osavo arrestarmi un attimo a considerare l'ironia della mia condizione!... Perché avevo quasi terrore che altri lo intuisse? Mi pareva che una voce dal profondo mi tacciasse d'ipocrita, oltre che di vile...

L'opera sparsa e faticosa che andavo compiendo non mi confortava molto delle intime disfatte. Cominciavo a spiegarmi la mancanza in Italia di un nucleo che disciplinasse i tentativi e le affermazioni femministe. La solidarietà femminile laica non esisteva ancora. Invece il cattolicismo, che aveva sempre imposto alla donna il sacrificio, consentiva ora ad una certa azione muliebre, ma sotto la propria sorveglianza. Contro questo nuovo pericolo nessuno s'agguerriva. Anzi, come ben mi indicava la vecchia amica, i liberi pensatori di Montecitorio mandavan le loro figlie in istituti retti da monache, allo stesso modo che quelli del paese laggiú mandavan le mogli al confessionale.

"Femminismo!" esclamava ella. "Organizzazione di operaie, legislazione del lavoro, emancipazione legale, divorzio, voto amministrativo e politico... Tutto questo, sí, è un còmpito immenso, eppure non è che la superficie: bisogna riformare la coscienza dell'uomo, creare quella della donna!"

E la buona vecchia, la cui energia contrastava vittoriosamente colla gravezza penosa della persona, mi portava con lei a vedere le sue opere nuove o rinnovate. "Agire! questa è la vera propaganda!"

Ella aveva aperto da poco, accanto al riparto femminile dell'ospedale celtico, ove era ispettrice, una specie di scuola per quelle disgraziate, una sala bianca dove le inferme potevano ricevere un po' d'istruzione elementare, leggere qualche libro, ascoltar qualche parola che agitasse in fondo alla loro povera sostanza calpestata una brama di rinnovamento, di salvezza. Un giorno entrai anche là. Oh, non vi rievocherò, dolorose sorelle, in queste pagine! Io devo rivedervi, devo sentirmi rivelare da voi ancor piú cose che non potei in quell'unico e ormai lontano incontro. È un voto che non ho ancora sciolto, e che ho formulato fin d'allora, quando rientrai a casa e mi strinsi al cuore mio figlio e mi domandai con terrore − la prima volta! − se avrei potuto custodire illeso quel fiore di vita, avviarlo integro e libero all'incontro della sua compagna...

Tra le due fasi della vita femminile, tra la vergine e la madre, sta un essere mostruoso, contro natura, creato da un bestiale egoismo maschile: e si vendica, inconsapevolmente. Qui è la crisi della lotta di sesso. La vergine ignara e sognante trova nello sposo un cuore triste e dei sensi inariditi; fatta donna ed esperta comprende come il suo amore sia stato prevenuto da una brutale iniziazione. Fra i due torna spesso l'intrusa, e il solo ricordo avvilisce ogni loro bacio.

Mio figlio! Chi gli avrebbe fatto la sacra rivelazione?

Gli avrei mai potuto dire quel che egli doveva essere, un giorno, per la sua donna?

V'era nel mondo che si agitava intorno a noi tanto scetticismo, tanta viltà! Non avevo assistito ad una seduta della Camera dei Deputati, durante la quale un'interpellanza su la tratta delle bianche era stata con disinvoltura "liquidata" in cinque minuti da un ministro che dichiarava esser la legislazione italiana su tale rapporto assai migliore che in altri paesi, mentre nell'aula quasi spopolata alcuni onorevoli sbrigavano il loro corriere o chiacchieravano disattenti? Un deputato clericale gemette lugubremente sulla necessità di questa "valvola di sicurezza del matrimonio" interrotto dall'interpellante che chiamava il matrimonio un feticcio a cui si sacrificavano creature umane. Due sottosegretari puntavano i binocoli nella tribuna delle signore pavoneggiandosi: poi si passò ai bilanci...

Mi pareva strano, inconcepibile che le persone colte dessero cosí poca importanza al problema sociale dell'amore. Non già che gli uomini non fossero preoccupati della donna; al contrario, questa pareva la preoccupazione principale o quasi. Poeti e romanzieri continuavano a rifare il duetto e il terzetto eterni, con complicazioni sentimentali e perversioni sensuali. Nessuno però aveva saputo creare una grande figura di donna.

Questo concetto m'aveva animata a scrivere una lettera aperta ad un giovane poeta che aveva pubblicato in quei giorni un elogio delle figure femminili della poesia italiana. Fu un ardimento felice, che ebbe un'eco notevole nei giornali e fece parlare di *Mulier* con visibile soddisfazione dell'editore. Dicevo che quasi tutti i poeti nostri hanno finora cantato una donna ideale, che Beatrice è un simbolo e Laura un geroglifico, e che se qualche donna ottenne il canto dei poeti nostri è quella ch'essi non potettero avere: quella ch'ebbero e che diede loro dei figli non fu neanche da essi nominata. Perché continuare ora a contemplar in versi una donna metafisica e praticare in prosa con una fantesca anche se avuta in matrimonio legittimo? Perché questa innaturale scissione dell'amore? Non dovrebbero i poeti per primi voler vivere una nobile vita, intera e coerente alla luce del sole?

Un'altra contraddizione, tutta italiana, era il sentimento quasi mistico che gli uomini hanno verso la propria madre, mentre cosí poco stimano tutte le altre donne.

Questi furono chiamati paradossi da molti giornali, ma alcune lettere di giovani mi dimostrarono che avevo toccato un tasto vibrante.

Una sera a teatro la vecchia attrice, nel suo palco, aveva avvertito due lagrime brillarmi negli occhi. Non avevo mai pianto per le finzioni dell'arte. Sulla scena una povera bambola di sangue e di nervi si rendeva ragione della propria inconsistenza, e si proponeva di diventar una creatura umana, partendosene dal marito e dai figli, per cui la sua presenza non era che un gioco e un diletto. Da vent'anni quella simbolica favola era uscita da un possente genio nordico; e ancora il pubblico, ammirando per tre atti, protestava con candido zelo all'ultima scena. La verità semplice e splendente nessuno, nessuno voleva guardarla in faccia!

"Avessi un quarto di secolo di meno!" esclamava la mia grande artista con la sua voce ancora magica "io l'imporrei!"

Ed ero piú che mai persuasa che spetta alla donna di rivendicare sé stessa, ch'ella sola può rivelar l'essenza vera della propria psiche, composta, sí, d'amore e di maternità e di pietà, ma anche, anche di dignità umana!

Venne l'estate; due mesi torridi, incerti nel ricordo. Le amiche, il "profeta," tutti erano fuori di Roma. Il mio lavoro era cresciuto, nell'assenza della direttrice, andata in montagna a cercar un po' d'aria fresca e la trama d'un nuovo romanzo. Trovavo nondimeno un'ora ogni giorno per rifugiarmi col bimbo a Villa Borghese, e mentre egli, con la felice facoltà di distrazione della sua età, giocava insieme a compagni improvvisati, io leggevo, riposando ogni tanto gli occhi su le linee melodiose dei grandi pini.

Mio marito? Non so, non lo rivedo distintamente: ho solo l'impressione fastidiosa della sua voce un po' rauca, pronta in ogni momento a lagnanze e ad offese, della sua fronte accigliata, in cui una nuova ruga diritta si approfondiva nel mezzo, mentre l'ira gli accentuava gli zigomi e le mascelle. Una mal repressa ostilità cresceva in lui, sempre piú. Le notti dovevano essere come sempre; non ricordo; penserei quasi di non essere stata infastidita se non riflettessi ch'egli non era capace di rispettar la donna sua neanche quando un malessere o la stanchezza la prostravano.

In realtà non stavo bene: mi si venivano acuendo, da vario tempo, certi disturbi che sopportavo fin dai primi tempi della mia maternità, indici dell'intimo dissesto dell'organismo; e talora mi si affacciava il dubbio che essi avessero qualche causa piú segreta, paurosa... La dottoressa mia collega, un giorno, discorrendo, m'aveva detto che nel mondo sono a centinaia di migliaia le donne che non sanno di essere debitrici di lenti e oscuri travagli ai loro mariti. Non avevo osato interrogarla in modo preciso; e non l'osai neppure allorché, verso la fine di quell'estate, mi sentii tanto sofferente da dover restare a letto per piú d'una settimana. Mi rialzai sfinita; con una stanchezza mortale in tutte le membra.

Giungevano intanto lettere tristi delle mie sorelle. Nostro padre era in uno stato d'irritazione acuta perché gli operai, organizzatisi fortemente, minacciavano scioperi. In casa egli trovava un'atmosfera altrettanto ostile, che doveva aumentargli l'esasperazione. Anche mio fratello frequentava ora i socialisti del paese, e insieme alle sorelle ascoltava con passione le parole dell'ingegnere. Una strana forza di suggestione era in questo giovane! Le fragili anime de' minori l'avevan tutte esperimentata, ed il timore del padre era quasi scomparso nella comunione con quell'infiammato spirito teorico. Da due anni ormai la fidanzata languiva nella passione contesa. Io pensavo ai suoi fieri e dolci occhi oscuri che dicevano la malía del sogno fioritole in cuore. Felice? Ella lo era, certo, malgrado le lagrime che le faceva versare l'astio crescente tra il padre e l'innamorato. Nell'inverno avrebbe compiuto i ventun'anni; avrebbe allora lasciata la casa per quella dello sposo. Era ben decisa. Ma la preoccupava la sorte dell'altra bimba: avrebbe potuto il fratello tenerle luogo di tutti gli affetti che le venivano via via mancando?

E frattanto la situazione in fabbrica diventava insostenibile. Il babbo sfidava gli operai. Minacciava di abbandonare per sempre l'impresa a cui da tanti anni dava tutto il vigor suo. Non poteva ammettere un controllo, una volontà emanante dai subalterni.

La minaccia si effettuò. Al principio dell'autunno egli ruppe il contratto col proprietario, lasciandogli un mese di tempo per provvedere a una nuova direzione. Mia sorella me ne informava tutta angosciata per il timore di dover lasciare il paese avanti le nozze.

Con un sorriso un poco amaro dissi a mio marito: "Ora, dovrebbero chiamar te... Accetteresti?"

Lo vidi restar sospeso un istante. Poi rispose un "no" stanco, e troncò il discorso.

Il mattino seguente, un telegramma di mia cognata avvertiva che il proprietario della fabbrica, sceso a patti cogli operai, aveva fatto il nome di mio marito per il posto di direttore.

Mi par di riudire lo scoppio di risa in cui diedi quando sentii il contenuto del foglietto giallo. Partire, tornar laggiú, veder mio marito al posto di mio padre... Che ironia!

Egli tacque. Era turbato. Lo guardai, e mi parve che il viso gli si atteggiasse istintivamente a una dignità nuova, come se il fatto d'esser creduto meritevole d'un incarico importante bastasse a persuadere lui stesso di un valore mai prima sospettato. E, ad un tratto, la mia gaiezza cadde.

Il "no" della sera innanzi mi tornava alla mente. Una incertezza sconfortata mi assalse. Egli frattanto, dinanzi alla silenziosa interrogazione dei miei occhi, sentí la necessità di fingere, di esprimere indifferenza. E la mia ansietà aumentò.

La sera, una lettera di mia cognata arrivò, che illustrava i fatti telegrafati, accentuava la sicurezza del nostro ritorno "in patria" e diceva fra l'altro: "Ricordi? fin da questa Pasqua ti avevo avvertito..." Egli attendeva da chi sa quanto tempo!

E due giorni dopo giunse la proposta. Condizioni assai buone. Era l'esistenza assicurata, l'agiatezza in breve volger di mesi, forse la fortuna col tempo. Avrei dovuto gioire, con quel resto d'orgoglio che potevo possedere, perché inaspettatamente s'elevava agli occhi altrui quegli che già m'aveva fatto compiangere... Anche avrei dovuto sentirmi soddisfatta dicendomi che, in fondo, ancora sempre a me e a mio padre colui doveva la sua fortuna: il babbo, infatti, aveva suggerito il suo ex-impiegato e lasciava a disposizione di lui la sua cauzione di parecchie migliaia di lire: per qual resipiscenza? Forse semplicemente per stabilire un vincolo col suo successore, per non essere staccato del tutto dalla propria creazione.

Tutto il mio essere insorgeva come se un mostruoso pericolo lo minacciasse: reclamava la vita, la libertà. Chiudendo occhi e orecchi all'appello delle ragioni altrui, degli altrui diritti e bisogni, un'unica visione mi atterriva. Ecco: brutalmente, mi si chiudeva la via dell'avvenire, mi si riconduceva nel deserto. E con me mio figlio, che avevo voluto salvare dalle influenze dell'ambiente nativo... Laggiú, noi due, di nuovo, per anni, per tutta la vita forse, con le mani avvinte e la bocca silenziosa, di fronte a un popolo di lavoratori miserandi e pieni d'odio...

# XVIII

Quand'ebbe concluse le trattative, mio marito cadde in una cupa tristezza. Aveva forse precipitato la decisione per reprimere tosto ogni mio tentativo di rivolta? E per non assistere agli atti di meraviglia, ai rimproveri forse che le amiche e i conoscenti ci avrebbero fatto, al mio dolore mentre preparavo il trasloco, volle fare il generoso: egli partiva e concedeva che io col bimbo e la domestica rimanessimo ancora per qualche settimana in città attendendo che mio padre, il quale andava a stabilirsi a Milano, lasciasse libera la casa del direttore, a noi destinata: sarebbe allora tornato a riprenderci.

Ma il giorno in cui aveva risoluto di partire, non uscí di casa, restando taciturno e scontento al tavolino, a scrivere non so che progetti; i dí seguenti vagò per la città, tutto solo, come invaso all'improvviso da un furente amore per quella vita vertiginosa da cui stava per allontanarsi. La sera, veniva la disegnatrice, tornata allora dalla campagna. La conversazione procedeva stanca ed era come un ritornello l'interrogazione: "Perché partire?" Ella pareva cedere ad una malinconia invincibile, parlava del tempo in cui sarebbe rimasta di nuovo sola, non sopportava di raffigurarmi lontana da lei. Mio marito la guardava come affascinato.

Una notte – aveva fissato la partenza per l'indomani – mi svegliai e lo sentii spasimare, rivoltarsi nel letto, pronunciare una parola indistinta. Accesi il lume; aveva la febbre! Respinse ogni aiuto, nascondendosi sotto le coltri con gesto disperato. Quando mi parve ch'egli si fosse acquetato, forse assopito, rientrai in letto, al buio. Dopo un poco lo intendevo chiamare, in un sogno di delirio, la mia amica...

Povero, povero!... Lottava, l'essere informe, lottava contro la formidabile forza ch'egli non aveva mai conosciuto, mai ammesso, l'amore? Da quando? Forse la verità gli si era palesata solo da pochi giorni, dacché aveva deciso la partenza. Forse egli non ammetteva ancora, si pensava debole, malato...

Era il castigo?

La disegnatrice aveva indovinato, forse per la prima.

Ed era forse colla speranza che mio marito lo sapesse da me, ch'ella mi aveva confidato, al suo ritorno dalla campagna, un suo segreto. Ella amava il giovane fisiologo che aveva conosciuto al ricevimento della *Mulier*. Ma questi doveva persuadere i suoi vecchi genitori, cosa difficilissima e possibile soltanto col tempo. Provvedere alla propria felicità col dolore dei genitori pareva a lui egoismo.

Mio marito doveva ora notare l'attenzione che io ponevo mio malgrado nell'osservarlo, e n'era irritato. Sentiva la necessità di mantenersi al di sopra di me. Intanto il mio amor proprio era colpito. In qual modo spiegare il fatto che io non avessi mai soggiogato quell'uomo che da dieci anni pure respirava la mia atmosfera, e invece fosse bastato il riso argentino d'una straniera per sconvolgere tutti i suoi sentimenti? E una brama acuta di sapere mi prendeva, di sapere che fosse l'essenza dell'amore, di sapere se quell'uomo era vittima ancor una volta de' suoi sensi o se la bella creatura l'avesse affascinato con qualche arcana forza ch'io non possedevo... E una domanda sorgeva, come da remote lontananze: "Sono io fatta per essere amata?"

Egli partí. L'amica ne fu sollevata. Per qualche giorno ci facemmo una compagnia quasi continua, dolcissima. Andavamo per le vie, nelle ville, fra i campi, col piccino in mezzo, un poco immemori, quasi felici in certi istanti. Ella traeva fuori il suo album, ove schizzava con rapidità atteggiamenti di mammine, di governanti, di bambini. Passavamo delle ore nel suo studio ai Parioli, che per me non aveva piú segreti. Era una vasta camera bianca, linda come uno specchio, con alcuni mobili semplicissimi di legno bianco, tende chiare e due grandi finestre che guardavano sulla campagna verso la valle del Tevere, fino al Soratte. Dietro lo studio era una stanzetta buia, con un letto e una seggiola, nient'altro. Una vedova che abitava una soffitta dirimpetto con quattro bambini, accudiva alla casa e preparava il pranzo, una volta al giorno; il tè, che le serviva da cena, l'amica se lo preparava lei stessa.

Per la prima volta ero tratta, quasi senza accorgermene, ad effondere intero il mio spirito, a tradurre in parole lente e precise le visioni per cui soltanto, attraverso ogni vicenda, la vita m'era parsa sempre degna d'esser vissuta. Ella m'ascoltava sorridente. Quando accennavo al futuro, i miei occhi s'intorbidivano; la cara mi prendeva la mano; non aveva che quel gesto per darmi coraggio.

Anche a lei l'avvenire s'annunciava indecifrabile; doveva ritenere impossibile darsi all'uomo che amava, nascondersi con lui per vivere felici, incuranti dei vincoli sociali. Sola sola, fino a quando?

Di laggiú, mio marito mi scriveva ingenuamente che si trovava sperduto, che forse quello non era piú luogo per noi, che aveva una smania furiosa di tornare... Gli risposi un giorno con tutto il vigore di pietà umana ch'era in me, facendogli intendere che solo guardando in viso la verità insieme, potevamo sentirci capaci di gustare la vita quale il destino ce l'aveva preparata. Che confessasse! Riconoscesse che le nostre vie erano diverse e la nostra unione una catena anche per lui!...

Tremavo, cosí scrivendo: interrogavo veramente la sibilla.

Egli replicò subito col piglio insolente che gli conoscevo da tanti anni. Negava, mettendo i punti sugli *i*, negava e accusava...

Non ne soffrivo... La realtà mi dominava, finalmente. Sentivo in confuso ch'era necessario agire, senza sapere ancora in qual modo. Una voce nell'anima cantava senza posa: "Sei libera, libera!"

Vedevo nitidamente qual sarebbe stato il mio ufficio nella casa coniugale che m'attendeva. L'uomo il quale un giorno m'aveva scongiurata di vivere, ora piú che mai non avrebbe cercato in me che il delirio dei sensi, l'oblio. Ed io, in quest'unica ragione della nostra convivenza, avrei sentito crescere il disprezzo per me stessa... No, no!

Per due, tre giorni, non ricordo bene, la vita intorno non mi trasse dalle mie meditazioni. Per la rivista non avevo quasi piú nulla da fare: l'editore cercava chi mi sostituisse; si era mostrato dolente di perdermi: "È cosí difficile trovare chi legga con imparzialità dei libri di donna!" La direttrice, col suo fare sempre tra cortese e distratto, m'aveva detto che sperava io le avrei continuata la mia collaborazione anche da laggiú. Non avevo mai pensato di tentare qualche lavoro di fantasia?

La norvegese era a letto per una infezione reumatica che non pareva grave. Andavo ogni giorno per qualche ora a tenerle compagnia. Ogni giorno veniva pure a visitarla l'amico professore. La prima volta che avevo visto il giovane chino su di lei, mi si era comunicata la dolce sicurezza del loro amore. Ma nella stanza buia non c'era aria sufficiente. Quand'egli la persuase della necessità di trasportare il letto nello studio, la fronte le si oscurò, sebbene egli affermasse che era soltanto questione di alcuni giorni.

Affrettavo col pensiero il ritorno di mio marito: gli avrei proposta una separazione amichevole; io potevo vivere col mio lavoro e con ciò che mio padre continuerebbe ad assegnarmi. Il piccino avrebbe potuto studiare accanto a me, e andare dal babbo nelle vacanze.

Perché non avrebbe accettato? Egli era in uno di quei momenti psicologici che giustificano le azioni piú contrarie alla nostra natura; tutto doveva mostraglisi sotto un nuovo punto di vista.

Non volevo però in nessun modo pregiudicare il tentativo. A chi chiedere un consiglio? La buona vecchia mamma non era ancora tornata dalla Lombardia. E a nessun'altra avrei potuto confidarmi, in quell'ora decisiva. Ma un'immagine mi s'imponeva da qualche tempo, con insistenza crescente: non v'era un uomo che diceva di possedere la verità? Da lui avrei potuto ricevere forza.

Non lo vedevo da parecchie settimane. Lo invitai con un biglietto a venirmi a trovare, per sentire cose gravi.

Giunse la sera dopo, mentre stavo per condurre a letto il bambino. Per qualche minuto parlò col piccolo amico, che lo guardava cogli occhioni confidenti; poi questi andò a coricarsi.

Con un tremito interno straordinario presi a dire. Egli ascoltava impassibile. Sapeva forse. La persona si protendeva un poco verso di me, in attitudine incoraggiante.

A poco a poco mi rinfrancai; le sue domande, nette, valevano a dirigere e a districare il mio racconto un po' imbarazzato. Non parlavo del lontano passato, della mia adolescenza distrutta: dicevo solo di mio padre e di mia madre, del mio matrimonio, del lungo periodo in cui, conscia de' miei sentimenti, avevo ritenuto doveroso restar presso l'uomo che credevo m'amasse e a cui pensavo di far del bene: accennavo alla scoperta recente di un nuovo sentimento in mio marito, al mio recente miraggio d'indipendenza... L'aspirazione appassionata ad una vita di libertà e d'azione, in armonia colle mie idee, si palesava in verità a me stessa come non mai. Ogni mia parola sembrava illuminarmi il fondo dell'anima. E uno stupore m'invadeva, si mescolava alla lucida ebbrezza del pensiero finalmente capace di manifestarsi.

L'uomo mi guardava tranquillo, poi prese lui a parlare. Stimava inutile giudicare la decisione irresistibile della mia coscienza. Ero pronta a subirne qualunque effetto? Egli poteva dirmi soltanto che tutte le cose della vita, anche i problemi morali che il nostro orgoglio suscita, non sono in fondo che ombre. Per guidarsi, nella vita, occorre poco, avrei compreso un giorno: intanto, gli piaceva la mia preoccupazione di sincerità e di logica.

S'era alzato in piedi, girava attorno toccando libri e fotografie. Anch'io mi ero levata e m'appoggiavo al tavolo in mezzo alla stanza; mi venne accanto: mi sorpassava di poco in statura. Riprese a parlare, piano. Anche nel suo passato erano delle ore oscure: egli aveva creduto nella legge, nel progresso; aveva giudicato gli uomini in nome di un assoluto inflessibile, aveva condannato... Poi, un dolore tremendo, la morte quasi simultanea del padre e della madre, gli aveva restituito la coscienza del niente che è l'uomo, e per la prima volta infuso il desiderio tormentoso di figger lo sguardo oltre la vita. Erano passati anni e anni, egli aveva reciso tutti i fili che l'avvincevano all'umanità, e una luce, sí, una luce s'era fatta nel suo spirito. Egli credeva di poter spiegare, ora, l'enigma della nostra essenza, essenza immortale. Questa parola avrebbe recato alle creature umane una grande pace, la norma per l'esercizio benefico della propria volontà durante questo passaggio terreno. Non poteva spiegarmene nulla ancora. Fra breve... Da vicino o da lontano, continuassi a sperare, ad avere fede nella sua promessa.

Dalla strada, ogni tanto, la tramvia elettrica mandava il suo ululo, producendomi l'impressione del vento notturno in riva al mare in tempesta. Mi sentivo avvolta, veramente, in un'atmosfera frigida che placava, recideva anzi ogni impulso di vita particolare, creava visioni bianche nelle quali l'occhio si smarriva.

Quando mi trovai sola nello studio, ove la lampada sembrava vegliare dall'alto sull'intera città, una gioia m'invase, ignota fin allora. Che cos'era, che cos'era? Non volevo saperlo, come non mi dava affanno il segreto che quell'uomo diceva di possedere. Ma l'antica anima ribelle ad ogni giogo, ch'era giunta a odiare l'amore per il disprezzo di ogni dedizione, si abbandonava alla dolcezza di essere compresa, sentita un'altra anima...

Il gaudio silenzioso e quasi inconfessato durò alcuni giorni. L'amico venne altre due o tre volte, di sera; mi aveva pregato di copiargli il manoscritto di un suo opuscolo che stava per pubblicarsi; certe pagine quasi indecifrabili per le aggiunte e le cancellature richiedevano le sue spiegazioni. Egli me le dava con quella sicurezza dogmatica che allontanava qualsiasi obbiezione. L'opuscolo era una satira tagliente cui non potevo non associarmi; preannunziava, ma non svelava affatto l'idea dominante dell'autore, la secreta sintesi creata dal suo intelletto. In esso non mi turbava che lo stile, complicato, contorto, spesso illogico; piú mi turbavano, talvolta, certe frasi dettemi a viva voce, frasi oscure, che mi riconducevano ai primi tempi della nostra relazione, quando riguardavo la strana creatura come un pauroso inviato del Mistero, a sé stesso forse incomprensibile. E neppur ora avevo la forza di formarmi un concetto esatto della sua personalità; ora meno che mai. Evitavo anzi, probabilmente senza rendermene conto, di esercitare dinanzi a lui la mia analisi. Lo vedevo pallido, emaciato, ombra della vita, con un sorriso sempre piú enigmatico sulle labbra pallide tra la breve barba nerissima, con gesti di bimbo delicato e precoce che prevede tutto ciò che la vita gli negherà... E tremavo. Cosí debole e miserando qual era, m'appariva ammirabile: era in lui una potenza che non sapevo definire, ma che trovavo piú grande d'ogni altra; egli mi rappresentava lo sforzo incessante e terribile dell'umano verso la divinità. Quando la parola *pazzia* mi si affacciava alla mente, mi sentivo straziare.

Ma egli era sicuro della mia fede in lui; un fugacissimo bagliore mi pareva gli attraversasse lo sguardo nei momenti in cui mi sorprendeva intenta, assorta nella sua parola. Non aveva mai incontrato, certo, una devozione cosí fervida in un'anima cosí libera e giovane...

Parlavo di lui alla mia malata, nelle molte ore che ormai passavo accanto al suo letto; il male s'era complicato, l'infezione era salita al cuore, e il povero cuore si gonfiava ogni giorno piú, batteva pazzamente, minacciava d'arrestarsi per sempre. Già il dottore, un vecchio maestro del fidanzato, m'aveva svelato la gravità del caso; egli lottava, ma temeva. Il giovane fisiologo sorrideva teneramente a lei, ma dava talvolta a me sguardi strazianti. La malata non aveva sospetti; non voleva accanto, oltre l'amico e me, che la vedova vicina. Formulava progetti per la convalescenza, ripetendo: "Che noia, che noia!"

Una crisi terribile, inattesa, precipitò il corso del male, gettò l'inferma nel terrore ultimo. Per due notti restai accanto al letto di spasimi, la mano stretta convulsamente da quella di lei, nella pena infinita di non poter far nulla contro la forza misteriosa che la prostrava. Per qualche ora credetti che la fine fosse imminente. Scrissi a mio marito due righe per avvertirlo della necessità ch'io rimanessi ancora qualche giorno.

La terza sera il cuore attenuò alquanto i suoi battiti pazzi e il pericolo si allontanò. Il giovane, che aveva vegliato con me tre notti tormentose, si concesse un po' di riposo; io non mi sentivo stanca, e il sorriso con cui la diletta accolse la mia risoluzione di restar presso a lei, m'impedí di rimpiangere la pace delle mie stanzette, il respiro dolce del bimbo addormentato sotto i miei occhi. La speranza rifioriva.

Quando fu l'alba lasciai la malata in custodia della vedova e m'avviai verso casa. Dopo pochi passi nella via deserta, biancastra, m'imbattei in mio marito che s'avanzava a capo chino; si scosse, non seppe trovar una parola, quasi vergognandosi. Un misto di pietà e di sprezzo m'assalse.

Dopo che l'ebbi rassicurato sulle condizioni dell'inferma, egli cercò di scusarsi per il viaggio impreveduto. Gli troncai la parola: non volevo offender in alcun modo la diletta che lassú soffriva.

Anche a casa tacemmo. Tornai poco dopo presso l'amica: egli venne nel pomeriggio a chieder se poteva vederla un momento. L'osservai. Ma colei che lo aveva turbato, che era riuscita quasi a vincere in lui la cupidigia d'un impiego ambito, non aveva piú il fàscino sensuale che lo aveva ammaliato. Era una povera creatura sfiorita.

Ella gli parlò di me , gli disse che ero stata una santa per lei. "Vai un po' a casa, ora, vai. Sto bene, riposerò. Verrai domattina, non è vero?"

Povera cara! Dovetti contentarla. Ma tra mio marito e me pesava il silenzio. Solo alla sera, dopo cena, quando il bimbo fu coricato, le anime si apersero, con ardore la mia, un po' guardinga la sua. Egli teneva a giustificar il suo contegno. Io non volevo che l'ora scorresse vana, perpetuando la menzogna. E, sorretta forse dall'eccitazione nervosa di tanti giorni, parlai come non avrei creduto di poter mai. Gli dissi ciò che avrei potuto dire al mio figliuolo fatto uomo: egli non poté schermirsi, finí coll'ammettere in silenzio ciò che gli attribuivo. Ascoltò anche quando conclusi nella necessità di svincolarsi entrambi da un legame che ci opprimeva.

M'interrogava, ora dubbioso: "Credi proprio? Non potremo mai intenderci...?" E sperai che sarei riuscita a persuaderlo.

In quel punto suonò all'ingresso il campanello. Era il "profeta," che non vedevo da qualche giorno. Avevo, il mattino, detto a mio marito delle sue visite, del lavoro di cui egli m'aveva pregata; ma il vederlo giungere cosí, dopo le otto di sera, richiamò improvvisamente alla sua anima sconvolta tutte le ire malsane di cui era capace. A stento le represse, e la conversazione si trascinò per qualche minuto, fin che l'amico risolse d'andarsene, stringendomi la mano in modo da significarmi coraggio.

Sentii che la partita era persa. Mio marito principiò coll'inquisirmi, brutalmente sarcastico. Lo lasciai dire e dire, sperando si esaurisse cosí, come altre volte, il furore che gli faceva digrignar i denti... Invece il mio atteggiamento remissivo peggiorò la situazione. Alterato dal suono della propria voce, mi accusò, insultò l'amico, vomitò parole abbiette, finí col lanciarsi sopra di me, gettarmi in ginocchio, percuotermi bestialmente, mentre mi dibattevo a mia volta in una crisi d'ira spasmodica. Dalla stanza attigua il bimbo svegliatosi mi chiamava, spaventato. Riuscii a svincolarmi, a correre presso il letticciuolo, come istupidita. Le piccole mani di mio figlio correvano sul mio viso umido e infocato, la vocina tremante sussurrava: "Non voglio, mamma, non voglio... Non tornar piú di là col papà: sta' qui, vieni a letto, non voglio che tu pianga..."

Ah sí, obbedire, obbedire alla piccola voce dolente! Non eran piú queste le orribili notti del passato, nelle quali l'anima avvilita accettava senza ribellione ogni sfregio e non riceveva alcun richiamo dalla vita... Mio figlio, ora, si preparava a difendermi, mi voleva per sé, mi sentiva buona, pura, si rivoltava anche contro il dolore ingiusto che per la prima volta gli si palesava.

L'uomo dovette gettarsi sul divano, in sala da pranzo; io presi in letto con me il bambino; un'altra volta attesi l'alba.

La vecchia servente, quando m'alzai, m'interrogò tremante. Che cosa aveva sentito dal suo stanzino? Mi guardò con pietà insistente. Mi prese le mani, mi baciò qualche segno rosso sui polsi. Ricordava anche lei ore di supplizio? I suoi occhi avevano spesso come il rimprovero muto delle bestie maltrattate.

A mezzogiorno, a tavola, non rammento come la nuova scena si svolse: so soltanto che a un certo punto mi trovai mio figlio avvinghiato al petto e dinanzi mio marito che tentava strapparmelo, che gli ingiungeva di seguirlo, partire insieme, per lasciarmi sola alle mie follie... Egli aveva riso ad una mia rinnovata proposta di separazione: padrona io, di restare, di guadagnarmi da vivere come volevo, ma il figlio lo seguirebbe, oh, dovunque!

Il piccino mi guardava smarritamente. Ah bimbo, bimbo mio!... Non sarei morta se colui me lo strappava? Era la mia carne, la mia vita, era la mia fede quel piccolo viluppo tepido che mi tremava fra le braccia...

Con uno sforzo tremendo respinsi il comando della coscienza inesorabilmente lucida. Non volevo morire: e per vivere, dovevo piegare.

L'uomo sentí d'aver vinto, abbassò il tono della voce, rallentò il fiotto delle parole odiose. Forse nella notte aveva esaminata la situazione, s'era imposta una linea di condotta, aveva sentito svanire i fumi sentimentali fra cui s'era compiaciuto negli ultimi mesi, s'era di nuovo trovato pronto a strappare alla vita, senza riguardi, i soli beni materiali – sufficienti per lui. Forse era sicuro in precedenza che la minaccia di togliermi il figlio m'avrebbe ricondotta alla rassegnazione. Si calmò, giunse a sorridere leggermente delle scene avvenute, come d'una debolezza; credo anche mi chiedesse perdono. Rimanemmo d'intesa che sarei rimasta in città alcuni giorni ancora, finché l'inferma fosse fuori di pericolo.

# XIX

Tre dí dopo la partenza di mio marito incontrai per strada il mio amico; ero col piccino. Lo vedemmo avanzarsi tra la folla, assorto, un po' curvo, e ad un tratto, scorgendoci, trasformarsi per virtú d'un sorriso splendente. Eravamo per lui una lieta apparizione?

Prese per mano mio figlio, rivolgendogli qualcuna di quelle domande piene di grave tenerezza che fanno balzare di compiacimento il cuore dei fanciulli, e che cosí pochi sanno trovare. Io rivedevo la scena di poche sere innanzi; e un impeto d'indignazione mi toglieva la forza di parlare. Bisognò ch'egli mi interrogasse, e allora non potei che accennare ad una incipiente gelosia di mio marito, all'impossibilità di veder lui d'ora innanzi in casa mia. Aveva intuita la cosa, ma al sentirla confermare ebbe un movimento di sdegno. Poi, quando gli dissi che avevo rinunziato ai propositi d'indipendenza, che per non essere priva di mio figlio m'ero decisa a riprendere la vita meschina e falsa, m'avvolse con uno sguardo mesto e quasi fraterno, e non aggiunse parola. Senza confessarmelo chiaramente, restai un po' delusa: mi pareva che un gesto di pietà anche sprezzante, una rampogna, mi avrebbero piú sollevata.

La sera, dopo cena, mentre il bambino giocava sul tappeto accanto alla stufa, ebbi una prostrazione paurosa... Ero seduta alla scrivania; mi trovai col capo tra le mani, il petto scosso da singhiozzi violenti, il volto inondato di lagrime. Il piccino restò un momento stordito; non ricordava, certo, d'avermi mai vista cosí, piangere forte sola con lui. Invano mi si strinse alle ginocchia, mi accarezzò il volto, mi disse le sue puerili frasi d'amore per far cessare il mio pianto. Infine afferrò la penna sulla scrivania, me la pose tra le dita inerti: "Mamma, mamma, non piangere; scrivi, mamma, scrivi... io sto buono; non piangere...!"

Ah la piega dolorosa di quelle labbruzze fiorenti, la fissità precoce di quello sguardo umido!... Egli partecipava veramente alla mia sofferenza con tutta la bravura della piccola anima amorosa. E io non potevo che accettare anche il suo sacrifizio, io, sua madre, che avevo sognato per lui tutte le gioie, tutte le vittorie...

Scrivere? La cara piccola anima intuiva anche questo, la necessità di tuffarmi come non mai nel lavoro e nel sogno. Non era geloso, mio figlio, non era prepotentemente egoista nel suo affetto: pensava alla mia salvezza, ai bisogni per lui oscuri del mio essere complesso, non pretendeva di poter riempire lui solo tutta la mia vita.

Ma come afferrarmi a quella penna che mi porgevano i ditini rosei? Che cosa scrivere? La mia desolazione si rifletteva anche su' miei sogni, che diventavano utopie inconsistenti e piene di contrasti ironici.

Il mio pensiero corse naturalmente all'amico. Egli non aveva saputo darmi un consiglio. Che cosa ero io per lui? Egli considerava tutti, me compresa, come fa il passante che si china un momento sopra il bimbo e lo lascia spaventarsi e piangere per qualche piccolo malanno ch'egli potrebbe facilmente rimuovere. Potrebbe? Il bimbo quasi lo crede. Io pure, quasi, l'avevo creduto.

Per la prima volta mi domandavo se la vita ch'egli

conduceva, invece che di purificazione e di perfezionamento, non fosse di raffreddamento, di inutile cru-
deltà... Qual verbo ne poteva scaturire?

Credeva venuta l'ora di dispensarlo al mondo; non
mancava che una preparazione di rito...

E mentre egli preparava la sua liturgia, io naufra-
gavo, la mia amica agonizzava: avrei pur io potuto morire! Non c'era in tutto questo qualcosa di mostruoso?

Mi coricai. Il sonno non veniva. Quale ora di lucida coscienza attraversavo? Dacché, serrandomi al petto
il figliuolo, avevo rinunciato a' miei progetti di libertà,
non m'ero ancor chiesto nettamente che cosa attendes-
si. Ed ecco, le risposte s'incrociavano ora, contraddi-
cendosi, sgomentandomi. Io mi disprezzavo per la mia
debolezza... Io mi sentivo vile... Soffrivo senza scopo,
senza sollievo, senza utilità né per me, né per mio
figlio... E anelavo alla gioia come lui nella spontaneità
de' suoi sei anni... E presentivo tutte le torture che egli
avrebbe provato quando si fosse saputo prezzo della
ignominia materna...

E, ad un tratto, una nuova domanda irruppe: "Se
*lui* ti avesse chiesto di lasciare tuo figlio, se ti avesse
proposto di seguirlo, di servirlo, di portare nella sua
vita quell'armonia che vi manca?"

*Lui!* Viveva dunque quella creatura talmente in
me? Era dunque altro che una guida, un esempio, un
conforto?

Era un'altra interrogazione fulminea: "L'hai amato?"

Poi ancora: "Avresti lasciato tutto per lui?"

Lo vedevo davanti a me, come l'avevo visto il giorno, contento di ritrovarmi tra la folla ignara. Era mai
stato amato? Non aveva mai conosciuto il riposo su un
seno di donna che lo comprendesse e lo difendesse dalle ombre paurose del mistero?

Sorella egli mi chiamava... Ma una sorella non può

nulla. Altre egli doveva averne incontrate, e niuna gli aveva potuto insegnare il cammino della felicità... Ed egli ostinato voleva dire agli uomini una parola di rinunzia, assicurarli che quel cammino è fuor della terra...

Lente, le risposte si succedevano. Sí, s'egli mi avesse chiamata, alcuni giorni prima, quand'io *credevo in lui*, io l'avrei seguito; sí *per lui* avrei forse potuto vivere senza mio figlio. In poco tempo questo grande cambiamento s'era prodotto in me. Alcuni mesi prima, quando avevo temuto che mio figlio morisse, nessuna figura era sorta davanti alla mia mente ad affermarmi ch'io avrei ancora potuto vivere per un altro essere.

Eppure, non era amore quello che sentivo per quell'uomo; non poteva essere amore; io non desideravo nulla per me da lui, sentivo anzi che una dedizione da parte sua me l'avrebbe menomato dinanzi agli occhi. Non potevo sentirmi felice sotto il suo bacio.

Ma inginocchiarmi davanti a lui, adorare la sua anima misteriosa... servirlo, dargli il mio ingegno, la mia penna, la mia vita, questo avrebbe potuto avvenire, s'egli avesse voluto... E mio figlio non si sarebbe tenuto defraudato.

Bruscamente, in capo ad una settimana, la mia ammalata peggiorò di nuovo. Il fidanzato questa volta non mi disse nulla: mi aveva guardata come invocando lui da me una parola di conforto; e io compresi: la cara era perduta, perduta... il povero cuore si sarebbe da un momento all'altro, domani o tra qualche giorno, arrestato di botto...

Perché allora continuare quella lotta d'ogni minuto, tutti quei rimedi, tutte quelle cure, dirette non soltanto a sollevare l'inferma, ma a colpire il male?

Ah, gli è che è impossibile credere veramente alla scienza che preannunzia la morte in un corpo nel quale la vita ancor vibra! Si crede piuttosto al miracolo, a un intervento ignoto. Si spera, sino alla fine.

E noi speravamo. Egli colla persona giovanile ed austera, gli occhi incavati e ardenti dietro gli occhiali, io piú attempata in apparenza della morente, stanca e bianca sotto la ferrea volontà di resistere; in piedi ai due lati del capezzale, per ore e ore, speravamo.

Ella ci confondeva quasi in una sola persona, come in un'atmosfera protettiva e fedele. Durante le crisi ci serrava le dita come fra tenaglie. Poveri occhi azzurri dolenti, povero viso roseo tra i capelli color di spiga! Nelle tregue cercava strapparci il segreto della sua sorte per prepararvisi. Ma non credeva di morire, non poteva crederci: continuava ad intervalli a far progetti e progetti. Parlava d'un paese lontano, tutto bianco di neve. Quanto tempo dacché non avea veduto la neve! Andrebbero insieme, verso i fiordi! Presto, alla prima estate! E io spiavo l'avviso tremendo sul volto del giovane quando si rialzava dall'avere ascoltato sul povero petto bianco il battito simile a quello d'uno stantuffo enorme. Il volto suo si irrigidiva per celare lo spasimo.

Per quanto tempo?... Non so piú; mi pare interminabile; dovette essere assai breve, invece.

Un mattino la donna mi portò in casa della malata una cartolina di mio marito, quasi insultante verso di me, indirizzata al bimbo. Tutte le sue lettere erano ora fredde e pungenti, con allusioni amare sul "profeta"; non mi domandava piú neppure dell'amica.

Questa mi vide impallidire. "È di tuo marito?..." E con un ardito moto del capo quale le vedevo di frequente a' suoi bei giorni: "A qualunque costo, non tornare laggiú..."

La baciai con silenziosa tenerezza. "Se ti prendessero il bimbo?..." aggiunse quasi con un soffio. E i suoi occhi erano intensi come per trasfondermi una volontà.

Il dottore m'aveva consigliato di riposarmi qualche ora e poi far una passeggiata col bambino al sole, per esser temprata a passar un'altra notte in piedi.

Appena a casa afferrai tra le braccia mio figlio, lo tenni a lungo. Non riposai. Non potevo. Uscii con lui, presi la tramvia di San Pietro. Volevo vedere la mia vecchia amica, tornata da poco. Nella piazza, quasi deserta, il colonnato colla sua corona di statue ondeggianti pareva fremere tutto nell'aria vivida e nel gran silenzio. Ci avviammo a piedi verso il borgo Santo Spirito, costeggiammo il muro dell'ospedale; dall'altro lato della strada fanciulli e donne in cenci interrompevano giochi e chiacchiere per guardarmi nella mia apparenza di forestiera e tendermi la mano. Cenci appesi lungo i muri, tanfo nell'aria. Per la salita di Sant'Onofrio ancora cenci, ancora bimbi ruzzolanti, ancora finestre d'ospizi, graticolate. Un gruppo di educande con alcune monache discendeva. In alto, al sommo del Gianicolo, ci fermammo un po' affannati. Garibaldi, figura di leggenda, campato nell'azzurro, guardava tranquillo la cupola enorme alla sua sinistra.

Lo sfavillío della massa compatta di case, di torri, di alberi che mi si stendeva sotto gli occhi era intenso, quasi insostenibile. In fondo i monti si staccavano turchini sul cielo, e lungo i declivi le macchie candide dei Castelli mandavano anch'esse barbagli. Tra i monti e Roma la campagna, l'immensità.

Roma! Forse ogni giorno lí in cima al colle qualche anima sentiva affluire in sé le piú possenti energie, vedeva lucidamente le opere da compiere nell'ammasso meraviglioso di pietre cosí diverse per età e tutte ugualmente scintillanti e significative; ogni giorno forse qualche anima aveva la visione d'una Roma dalla quale, nel tempo, scomparirebbero ogni violenza e ogni laidezza, nella quale le linee armoniose del suolo e del cielo non sarebbero piú turbate da un incomposto agitarsi d'uomini fra loro estranei, incompresi, ostili...

Mio figlio parlava, parlava, felice d'avermi per sé, e mi indicava gli alberi pieni di cinguettii, e stendeva la manina verso certi punti dell'orizzonte, come mi aveva vista fare tante volte; diceva: "Guarda, guarda, mamma, che bella nuvola sopra la pineta! E là, là che cos'è quella terra?"

La vecchia rivoluzionaria era in casa, ma v'erano altri visitatori, tra i quali la direttrice di *Mulier* colla figliuola maggiore, e un giovane archeologo a cui la fanciulla s'era fidanzata da poco: la bella coppia raggiava di gioia e di fiducia; la sposa, mi disse la romanziera, avrebbe potuto aiutare il marito nelle pubblicazioni dei suoi lavori: l'impresa le sarebbe facilitata, oltre che per virtú d'amore, per il soffio di poesia con cui egli animava le proprie indagini tra i ruderi e le tombe...

I due giovani ascoltavano sorridendo: gli occhi azzurri dell'una si fissavano su quelli neri dell'altro: mai, mai io avevo visto cosí due vite offrirsi, incrociarsi!

Per un momento il loro calore mi avvolse, soave. Poi pensai al giovane scienziato chino sulla sua moribonda e il bisogno di tornar presso di loro m'incalzò.

Sul portone di casa mi trovai una donna che mi cercava: "Da due ore, signora..."

Era morta. La vedova l'aveva vista piegare sul petto del giovane, mentre questi le aveva dato un cucchiaio di medicina; con la bocca semiaperta, a metà d'un "grazie."

"Grazie!" Non sapeva la povera donna la profonda bellezza di quella parola! Non rimpiansi d'essermi allontanata e d'averla lasciata morire in braccio dell'amato.

Lassú, ella era già composta sul letto, non era già piú lei. Qualche vicina, qualche mia collega erano accorse. Ora si succedevano le visitatrici. Non potci restare nello studio, fuggii nella stanzetta; il professore mi raggiunse. Dimenticai la mia sofferenza, gli stesi la mano. Sí, il suo dolore poteva espandersi dinanzi al mio: noi soli l'avevamo amata.

E noi soli la vegliammo, per due notti, parlando di lei, di quello ch'ella era stata. Il bel viso roseo era diventato d'avorio tra i capelli d'oro stinto, si trasformava d'ora in ora, diveniva piú rigido, piú ombrato... Finito, finito!... Pensavo a *lui* che credeva conoscere il Mistero: perché in quell'ora non me lo svelava? Perché, sopra tutto, sapendo che la mia amica era condannata, non era venuto a portare la parola di luce?

Ah, come di fronte alla Fine cade ogni speranza di sfidare e vincere l'Ignoto... Come si sente che l'umanità è impropria all'impresa, destinata a passar sulla terra senza spiegarsi la ragione del suo passaggio! Ma contemporaneamente la nostra intima sostanza attinge la massima coscienza del suo valore: la Vita che si sofferma a guardar la Morte comprende la nobiltà eroica del proprio ostinarsi ad ascendere e a perpetuarsi nel buio... E la creatura dell'oggi ascolta un appello confuso: è forse la creatura del remoto domani che la chiama cosí, che la conforta a proseguire, la creatura nella quale raggierà tutto ciò che oggi è oscuro, e con la quale si inizierà una nuova epoca, l'epoca dello spirito liberato?...

Le ore passate accanto alla spoglia di chi amammo non ci fanno veggenti; ma neppure ci prostrano, né ci tolgono il senso dell'esistenza che in noi continua. Sembra in quel punto di ereditare, coi doveri, anche le qualità di chi ci ha lasciati; ci si trova piú ricchi, o di energia o di idealità o di amore. Ci si sente solidali coi vivi oltre che coi morti.

Il pensiero d'aver fatto tutto quello ch'era in mio

potere per alleviare alla diletta le sofferenze estreme mi dava una specie di pacato conforto. La breve e agitata vita di lei s'era chiusa sotto la protezione dell'amore: ella aveva portato con sé, morendo, la certezza di esser compresa e di rivivere nel rimpianto.

E io mi sorprendevo a dirmi che con ogni probabilità sarei stata meno fortunata... Laggiú, consunta in pochi anni dall'arida esistenza, chi mi avrebbe chiusi gli occhi dopo avermi sorriso? Accanto al mio letto, nelle ore ultime, non avrei avuto che mio figlio, inconsapevole... solo... solo.

Questo dissi, o piuttosto lascia indovinare, il mattino dei funerali, alla vecchia amica che era venuta a portare il suo saluto alla cara dormiente già tutta ricoperta di fiori. Eravamo accanto alla finestra, un istante isolate dalla lunga sfilata delle conoscenti; e ambedue volgevamo sguardi di serenità verso la forma indecisa avvolta di bianco, verso le immagini vivaci ch'ella con vena inesauribile aveva sparse sulle pareti, verso la campagna e il Soratte lontano. Ah il buon riposo! La dolce creatura l'aveva ottenuto...

La voce della vecchia donna mi ripeteva sommessa e vibrante: "Ma perché parti? Sai pure che la rassegnazione non è una virtú!"

Mormorai il nome di mio figlio, e quella tacque, passandomi una mano sulla fronte, lieve, piú volte.

"Non tornare laggiú!"

Anche la dormiente me l'aveva detto, prima di chiudere gli occhi.

Ai funerali, dietro il carro carico di fiori, tra le molte signore e i giornalisti, avevo visto fuggevolmente il "profeta." Qualche giorno dopo, passando presso la sua abitazione, fui assalita dall'improvviso desiderio di sorprenderlo, là dove egli viveva la sua vita deserta, di dargli là il mio addio, poi che presto sarei partita.

Salii in fretta l'oscura scala della vecchia umida casa.

Imbruniva: nella stanza era già accesa una candela: si vedeva un letto in un angolo, bassissimo, quasi un giaciglio. Su una stufa di terra due mele erano posate, cotte sulla brace. Presso una finestra, una tavola ingombra di carte e alcune seggiole con qualche libro; una severa effigie di vecchia sulla parete: sua madre? E in fondo alla stanza la scarna persona, in attitudine un po' incerta, che allungava un braccio per pregarmi di sedere.

Che cosa dicemmo? Non riesco bene a ricordare. Egli si scusava del freddo dell'ambiente, mi chiedeva del piccino, della partenza... Gli guardavo le labbra: non avevano un tremito. Accennai al cassetto del tavolino. Lí stava la sua opera? Ebbe un gesto vago di assenso. E, non so come, dovetti far travedere la mia incredulità... Piú che le mie parole, rotte come singhiozzi, i miei occhi gli dicevano, certo, la disfatta del mio fervore e l'amarezza della mia anima nuovamente libera.

Nel silenzio che seguí, vidi per la prima e l'ultima volta quel viso sempre illuminato come da una visione interna, oscurarsi, alterarsi, esprimere il piú umano dei dolori, la semplice profonda sofferenza di chi si sente abbandonato... Ma furono pochi istanti. La calma ridiscese sulla sua fronte con il segno ostinato d'una sovranità intangibile.

Per due giorni le piccole stanze furono di nuovo ingombre di casse, tante bare nelle quali seppellivo, cogli oggetti e coi libri, i miei sogni e i miei palpiti. Mio marito protestava per lettera di volermi con lui: la povera morta era rinnegata: egli aveva sospettato il suo amore pel giovane scienziato, e l'orgoglio soffocava in lui ogni residuo di sentimento. Un attimo avevo tentato ancora di strappargli la mia libertà, e non avevo che ribadito la catena.

# Parte terza

## XX

Per la prima volta sentivo intera la mia indipendenza morale, mentre a Roma avevo sempre conservato, in fondo, qualche scrupolo nell'affermarmi libera, sciolta d'ogni obbligo verso colui alla quale la legge mi legava: temevo, allora, che qualche altro sentimento vi contribuisse. Ora mi sentivo completamente calma. La mattina del mio arrivo osservai che mio marito aveva avuto certe piccole attenzioni nell'allestimento del nostro provvisorio alloggio. Sulla scrivania erano riviste e libri nuovi; un sorriso quasi timido pareva esprimere il desiderio di riconquistarmi. Era in lui un miscuglio di sentimenti oscuri: una sorta di dispetto per avermi lasciato trapelare la sua debolezza verso la mia amica, dandomi cosí motivo di riaffermare la libertà del cuore, e insieme il desiderio sollecito di dimenticare tutto nel mio tranquillo possesso. Impacciato, inabile, non aveva la forza di attendere l'opera del tempo. E subito sentii il peso dei suoi buoni propositi quanto quello della primitiva tirannia.

Ma i doveri del suo impiego mi salvavano in parte, preoccupandolo e affaticandolo. Decisi di mostrarmi del tutto estranea al suo campo di lavoro. Il primo sguardo da vicino m'aveva confermato ciò che avevo supposto da lontano: mio marito era piú rozzo nella prepotenza che mio padre, suscitava intorno a sé un'antipatia tanto piú malevola in quanto, per la sua origine, egli non incuteva agli operai l'istintivo timore che nutrivano verso il signore forestiero. Il ridicolo è il maggior dissolvente d'ogni spirito di obbedienza, e io lo vedevo luccicare negli occhi di quei ragazzi dal viso risoluto quando li incontravo nei pressi della loro Lega di resistenza.

Una cosa mi feriva sordamente; ch'io venissi coinvolta nelle ostilità. E non potevo pensare a rimediarvi. Lavorare, lí... creare qualche scuola, qualche insegnamento per le madri che lasciavano morire due terzi dei loro bambini, diffondere libri... Ahimè! Non avrei avuto l'energia di imporre la cosa a mio marito, e nessuno, nessuno poteva e voleva aiutarmi.

Il matrimonio di mia sorella segnò la prima crisi di dolore nella nuova fase della mia esistenza. Negli ultimi mesi, non so perché, avevo accarezzato l'idea d'una possibile rottura fra lei e il fidanzato. Diffidenza contro l'amore, gelosia dell'altrui felicità? Temevo che in lei, come già in me, fosse un'illusione, un'autosuggestione? Poi, nelle settimane precedenti lo sposalizio, avevo visto la fanciulla felice, avida di accogliere il destino foggiatosicolle proprie mani. La trovavo intenta ad ultimare il suo corredo, aiutata dalla sorella minore che appariva altrettanto lieta. E pensavo a nostra madre: cosí era forse stata anche lei? Anch'ella s'era cosí abbandonata fiduciosamente alla lusinga dell'amore perenne?

Andò in municipio una sera, tardi, accompagnata solo dal fratello, poi che lo sposo aveva evitato la compagnia di mio marito e per conseguenza la mia. Il babbo, ch'era stato saldo nel non voler dare il suo consenso e aveva negato anche il piú piccolo assegno dotale, vedendo partire quella che aveva per tanti anni surrogata la madre nella casa, la bella bimba tenace e poco espansiva che serbava alcuni tratti del suo carattere, si

lasciò sfuggire una lacrima. Io, a letto, al buio, piangevo pure, nell'istessa ora, su quell'atto irrevocabile che si
compieva, sulla catena di errori che si svolgeva fatale
senza che gli esempi atroci servissero... Credevo di
piangere su questo: ma nel profondo dell'anima doveva
essere invece il lamento desolato della mia solitudine,
del mio destino che mi teneva lontana da quella piccola
sorella nell'ora della massima sua gioia, che mi dichiarava impotente a partecipare a tal festa, che mi radiava
dal novero delle creature fidenti, volenti, amanti...
   Qualcosa in me veramente si agitava di nuovo e di
inesprimibile. Una commozione sorda, senza cagione
fissa, mi teneva di continuo. Un bisogno di dolcezza, di
tenerezza: una brama indistinta di poesia, di colori, di
suoni; un languore per cui il mio essere veniva a momenti rapito nel sogno di estasi ignote... Quando mi
scotevo, non riuscivo subito a riguardar intera la realtà.
Mi stringevo al petto con frenesia il bambino, il quale
non mostrava sorpresa, e mi si abbandonava con tutto
lo slancio del suo cuore desioso di vedermi sorridere.
Allentando l'abbraccio, scorgevo nei dolci occhioni fissi
su di me l'interrogazione ansiosa... Perché comunicavo
cosí alla piccola creatura il mio male, chiedendole ciò
che essa non poteva darmi? Perché domandavo folle-
mente a lui tutto l'amore che mancava alla mia vita?
Mia madre, le sorelle, altre ombre d'uomini e di donne
m'eran passate accanto ed erano andate oltre, senza conoscermi, senza destare in me ciò che di profondo e di
piú vero contenevo. Nessuno mi aveva dato nulla per
accrescere la mia sostanza; nessuno aveva pianto per
me, su di me; e, dal mio canto, io non avevo fatto
nulla per nessuno, non avevo portato un sorriso, non
avevo aiutata una vittoria, non avevo asciugata una lagrima.
   ... E talora mi sembrava che tutti i tesori non effusi
dalla mia anima premessero su di essa, la soffocasse-

ro... Ah, come sentivo di possederle ancora, tutte queste forze intatte, e come tremavo che il grido insorgente della mia natura esasperata salisse, e riempisse di sé il silenzio ignaro dei giorni e delle notti! Poiché la rivolta non era possibile, perché lamentarmi? Perché nella dolce primavera, accanto all'umano fiore della mia vita, all'unico bene mio, fra il verde canoro del grande giardino, io cedevo ad inviti nostalgici, rievocavo i visi perduti, ne disegnavo altri mai visti, dando loro voci frementi e fraterne che mi facevano sobbalzare il cuore? Perché, alla sera, attendendo d'esser raggiunta da mio marito nel letto che tante miserie ricordava, e allontanandone col pensiero il giungere, sentivo nel mio sangue penetrare la persuasione d'un diritto mai soddisfatto, e con essa un impeto formidabile di conquista, lo spasimo di raggiungere, di conoscere quella gioia dei sensi che fa nobile e bella la materia umana; quella fusione di due corpi in un sospiro di felicità dal quale il nuovo essere prenda l'impulso alla vita trionfante?

Come mi pareva lontana ed incomprensibile, in tali momenti, la donna tranquilla, senza brame, ch'io ero stata sino a pochi mesi innanzi! Altrettanto sciolta da me di quel che era l'altra, la quale in tempi remoti aveva lasciato che uomini informi tentassero significarle l'essenza dell'umanità. Lucidamente, inesorabilmente, per la prima volta, nel gran deserto spirituale che mi si era fatto intorno, il senso della vita mi si svelava: Armonia... non altro; un appagamento di tutte le energie associate, sensi e ragione, cuore e spirito...

Invece... Entrava, nella stanza buia, l'uomo stanco o infastidito, accendeva il lume, si muoveva senza guardare s'io dormissi. Poi, i miei occhi erano serrati, e io sentivo una massa pesante stendermisi accanto; nel silenzio, qualche parola, che voleva esprimere passione, ebbrezza; ed ero in suo potere... Sprofondavo nel guanciale il viso... Oh la rivolta e l'esasperazione di tutto il mio essere! Una nausea, un odio per colui e per me stessa, e in fine, un lampo sinistro: la pazzia!

L'uomo si addormentava a lato. Ascoltando il suo respiro pesante, io restavo insonne, per ore. La mente, intanto, continuava il lavorío intricato e straziante; e al sommo del cervello qualcosa si dilatava, pareva scoppiasse.

Questa la mia vita. Essere adoprata come una cosa di piacere, sentir avvilita l'intima mia sostanza. E vedere i giorni seguir le notti, un dopo l'altro, senza fine.

Passavano, infatti, le settimane, i mesi. Mio padre era partito definitivamente dal paese per Milano, seguito dai due figli minori. Gli sposi s'erano andati a stabilire nel Veneto. Nessuno della mia famiglia restava in paese. A Pasqua ci eravamo insediati nell'abitazione lasciata dal babbo, gaia e comoda, circondata dal grandissimo giardino. Povero papà! Un poco della sua anima era rimasto qui; fra quell'arruffio verde, in quel trionfo un po' selvaggio di vegetazioni disparate, egli aveva impiegato ciò che non poteva dare altrove: il suo bisogno di bellezza, la sua ricerca di originalità, di semplicità, di verità. Quante confuse meditazioni solitarie e orgogliose dinanzi a quel muto popolo fiorente! E il tempo era scorso anche per lui, aveva arrugginito il baldo organismo di pensiero e d'energia, col quale aveva trasformato tutta una popolazione, scotendola da una inerzia secolare e avviandola a nuove mete. Solo, senza una voce fraterna che rispondesse alle sue idee o le contrastasse, invano egli aveva chiesto al culto della natura i benefici che non sapeva desumere dall'amore de' suoi simili.

Ora mio figlio regnava felice in luogo del nonno. Colla tunica di tela greggia che gli arrivava ai ginocchi, ecceso in viso, gli occhi turchini spendenti sotto le ciocche di capelli a riflessi dorati, sembrava un Sigfrido in miniatura, quando irrompeva col sole nello stanzone ove io leggevo o fantasticavo per la maggior parte della giornata. Egli era il mio solo compagno. Null'altro mi compensava del contatto frequente e penoso con la famiglia di mio marito: la suocera, molto invecchiata, si faceva appena perdonare le irritanti esclamazioni di meraviglia che ogni volta le suscitava la vista della casa, del giardino, del frutteto: "Il paradiso! State qui come una regina! Ah figlio mio, alfine la giustizia è fatta!" In quanto a mia cognata, ancora piú aspra e maligna dopo la morte del dottore, doveva intuire che soffrivo, e naturalmente goderne; ma mostrava di credermi felice, anche lei.

Mio marito non celava la sua compiacenza nel trovarsi oggetto di ammirazione, di venerazione anzi, pei suoi. Tutto in lui, con costante, incredibile progressione, mi dava fastidio ora; a tavola, in giardino, per istrada, mi pareva di notargli per la prima volta questo o quell'atto insopportabile.

La monotonia dei giorni era interrotta talvolta dal passaggio di qualche importante cliente o corrispondente della fabbrica. Bisognava invitarli alla nostra tavola, e se ne andavano meravigliati della distinzione del nostro ambiente famigliare. Mio marito tentava allora di mostrarmi che m'era grato: l'arrestavo al primo accenno. Ferito, egli si rinchiudeva in sé, e non n'usciva che per ferire a sua volta, con motti, sarcasmi, derisioni su tutto quel che mi stava a cuore. Il bambino ascoltava con un'ombra di stupore negli occhi profondi; certe volte con una pressione delle manine m'offriva tacitamente aiuto. Notavo con gioia e dolore insieme ch'egli non dimostrava alcuna confidenza per quel padre sempre accigliato, sempre di diversa opinione della mamma.

Certe sere, tutti se n'andavano lasciandomi sola: portavo il bimbo a letto e poi mi affondavo in un seggiolone di paglia nel giardino. La cupa volta cosparsa di mondi silenziosi attraeva il mio sguardo magneticamente; ma il mistero dell'universo non mi tentava, in quell'ore: un'angoscia umana, precisa, incalzante, mi possedeva intera; l'amarezza senza nome della mia solitudine, il vago timore di una morte possibile, prossima, lí tra quella gente ostile e straniera, senza aver lasciato traccia della mia anima... Tanto spazio di cielo, ed io incatenata, curva sotto un giogo spietato, non capace piú che di un lento pianto...

Mi scotevo, rientravo nella stanza del bimbo addormentato. Cosí placido, cosí fidente, nella notte piena per la sua madre di brividi!... Fosse egli almeno salvo, unico mio tesoro! Avessi potuto almeno pensare ch'egli avrebbe sempre sorriso cosí alla vita come nel suo sonno di bimbo!

Pareva, in quel sonno, chiedermi perdono. Mi portavo alle labbra la piccola mano. Oh, nulla avevo da perdonare alla creatura che un giorno mi avrebbe detto forse: "Povera mamma, ti sei sacrificata per me!" Piuttosto, vago rimorso mi tormentava la coscienza, di continuo. Come cresceva egli, tra me e suo padre? Nella casa era il solo che sorridesse spontaneamente: ma cosí di rado! Venerava i libri che mi vedeva tra le mani, aveva il senso di una vita ideale ch'io sola intorno personificavo. Ma forse era già cosciente delle frodi che il destino gli faceva. Troppo spesso, nelle ore piú tetre, io lo malmenavo, in uno sfogo selvaggio della natura tormentata, esigendo da lui piú del dovere, costringendolo sul quaderno, vietandogli un passatempo legittimo; troppo spesso lo trascuravo, lasciandolo giocare da solo in giardino, o correre alla fabbrica, o annoiarsi su un tappeto acquarellando vecchie incisioni di giornali, senza ascoltare i suoi richiami. Mancava a me la volontà continua della vera educatrice, la serenità di spirito per guidare la piccola esistenza; non potevo assorbirmi intera nella considerazione dei suoi bisogni, prevenirli, soddisfarli. In certi istanti per questa consapevolezza mi odiavo. Che miserabile ero dunque se non riuscivo, una volta accettato il sacrificio della mia individualità, a dimenticare me stessa, a riportare integre le mie energie su quella individualità che mi si formava a lato?

...Cosí era stata mia madre coi suoi bambini... Un giorno trassi da una cassetta alcune vecchie carte di lei, consegnatemi dalla mia sorellina prima della sua partenza dal paese. Non avevo mai avuto il coraggio di scorrerle. Eran lettere di parenti, note di spese, appunti disparati, abbozzi di ciò ch'ella scriveva ai genitori, alla sorella, al marito; qualche poesia sua, anche, degli anni giovanili, sentimentale, romantica, e tuttavia vibrante d'una tragica sincerità. Lo spirito materno mi si mostrava in quei fogli sparsi, quale l'avevo ricostituito penosamente colla sola istituzione nei giorni della sua rovina.

E una lettera mi fermò il respiro. Datava da Milano: era scritta a matita, in modo quasi illeggibile, di notte. La mamma annunziava a suo padre il suo arrivo per il dí dopo; diceva di aver già pronto il baule colle poche cose sue, di essere già stata nella camera dei figliuoli a baciarli per l'ultima volta...

"Debbo partire... qui impazzisco... lui non mi ama piú... Ed io soffro tanto che non so piú voler bene ai bambini... debbo andarmene, andarmene... Poveri figli miei, forse è meglio per loro!..."

La lettera non era finita: certo non era stata rifatta né spedita. La sventurata non aveva avuto il coraggio di compiere il proposito impostosi in un'ora di lucida disperazione. Aveva forse pensato che suo padre non avrebbe voluto o potuto accoglierla; che la miseria l'attendeva; che il suo cuore si sarebbe spezzato lungi dalle sue creature e da colui che aveva avuta tutta la sua gioventú. Ella l'aveva amato! L'amava ancora? Per noi sopra tutto era rimasta: per dovere, per il timore di sentirsi dire un giorno: "Ci hai abbandonati!..."

Non avevo mai sospettato che mia madre si fosse trovata un momento in una simile situazione. La mia intelligenza precoce non aveva potuto, a Milano, penetrar nulla. Avessi avuto qualche anno di piú, mentre ella era in possesso di tutta la sua ragione, e ancora in lei la vita reclamava i suoi diritti contro la fatale seduzione del sacrificio! Avessi potuto sorprenderla in quella notte, sentire, dalla sua bocca, la domanda: "Che devo fare, figlia mia?" e rispondere anche a nome dei fratelli: "Va, mamma, va!"

Sí, questo le avrei risposto; le avrei detto: "Ubbidisci al comando della tua coscienza, rispetta sopra tutto la tua dignità, madre: sii forte, resisti lontana, nella vita, lavorando, lottando. Conservati da lontano a noi; sapremo valutare il tuo strazio d'oggi: risparmiaci lo spettacolo della tua lenta disfatta qui, di questa agonia che senti inevitabile!"

Ahimè! Eravamo noi, suoi figli, noi inconsci che l'avevamo lasciata impazzire. S'ella fosse andata via, se nostro padre non ci avesse permesso di raggiungerla, ebbene, noi l'avremmo nondimeno saputa viva, e dopo dieci, vent'anni, ancora avremmo potuto ricevere da lei i benefizi del suo spirito liberato e temprato...

Perché nella maternità adoriamo il sacrifizio? Donde è scesa a noi questa inumana idea dell'immolazione materna? Di madre in figlia, da secoli, si tramanda il servaggio. È una mostruosa catena. Tutte abbiamo, a un certo punto della vita, la coscienza di quel che fece pel nostro bene che ci generò; e con la coscienza il rimorso di non aver compensato adeguatamente l'olocausto della persona diletta. Allora riversiamo sui nostri figli quanto non demmo alle madri, rinnegando noi stesse e offrendo un nuovo esempio di mortificazione, di annientamento. Se una buona volta la fatale catena si spezzasse, e una madre non sopprimesse in sé la donna, e un figlio apprendesse dalla vita di lei un esempio di dignità? Allora si incomincerebbe a comprendere che il dovere dei genitori s'inizia ben prima della nascita dei figli, e che la loro responsabilità va sentita *innanzi*, appunto allora che piú la vita egoistica urge imperiosa, seduttrice.

Quando nella coppia umana fosse la umile certezza di posseder tutti gli elementi necessari alla creazione d'un nuovo essere integro, forte, degno di vivere, da quel momento, se un debitore v'ha da essere, non sarebbe questi il figlio?

Per quello che siamo, per la volontà di tramandare piú nobile e piú bella in essi la vita, devono esserci grati i figli, non perché, dopo averli ciecamente suscitati dal nulla, rinunziamo ad essere noi stessi...

Quella notte non dormii. Il confuso problema di coscienza intravisto la prima volta a Roma, mi si imponeva ora con una lucidità implacabile. E per giorni, per settimane maturai nello spirito ciò che in quella notte avevo *veduto*.

Avevo formulata la mia legge. Essa avrebbe agito, mi avrebbe compenetrata, sarebbe diventata istinto, atto, e un giorno senza sforzo l'avrei seguíta, come la rondine che segue le correnti della primavera.

Esteriormente ero piú calma, in certi momenti l'idea si impossessava tanto di me, che io non la consideravo piú se non in astratto, senza applicarla al mio caso, tanto era limpida e naturale nella sua verità, tanto era lontana dalla pratica mia e di tutti.

Nessuno se n'avvedeva. La domestica soltanto, la buona vecchia ormai da tanto tempo abituata ad osservarmi in silenzio, sorprendeva talora un'espressione troppo intensa, paurosa per lei, sul mio volto, che per tutti restava quello d'una bimba savia. E avventurava

qualche consiglio, qualche scongiuro: lavorassi, come a'
bei tempi, sperassi, avessi fede...

La parola pietosa m'inteneriva. Che strana intuizione era in quella semplice anima devota? Forse era
l'influsso della mia costante presenza: con la mia taci-
turnità, la mia inquietudine, con le risonanze che avevano le parole d'indole famigliare che dovevo rivolger-
le, io l'affascinavo, la suggestionavo, la portavo nella
cerchia oscura delle mie sensazioni.

Ah poter liberamente influire su tutte le creature
avide di riscatto, poter dare un sorriso, una speranza,
un'energia a chi ignora e geme e muore!

La mia forza d'emozione diventava pura, alata, e
s'alzava con le albe e coi tramonti, coi pensieri nobili e
coi versi dei poeti. Erano tuffi nel sole, scalate a vette
sublimi di ghiaccio, raccolte di fiori ideali; attimi di
gioia perfetta, come la sensazione improvvisa d'una
fresca carezza di vento primaverile che ci uguaglia alle
frondi novelle, ci fa come esse fremere del semplice
piacere della vita. Mi si formava la convinzione che il
genio è eterno solo in quanto il suo linguaggio è immancabilmente una testimonianza della umiltà e della
dignità umana. Volgono le epoche, tramontano i sogni
e le certezze, si trasformano le nostre brame; ma im-
mutato resta il potere d'amore e di dolore nella creatura terrena, immutata la facoltà di esaltarsi sino ad intendere voci fraterne nello spazio in apparenza deserto.

Sopraggiunto l'autunno, fra mio marito e gli operai,
come un anno avanti fra costoro e mio padre, la scissu-
ra si accentuò. Mentre gli affari della fabbrica continuavano a rendere guadagni considerevoli sui quali il
direttore percepiva un buon interesse, i salari si mantenevano mediocri e i regolamenti durissimi: la mia
equità si rivoltava; una cupa onta m'invadeva sempre
più di esser lí, inerte e inerme. Certe lavoranti che pas-

savano dinanzi al cancello nel giardino, a gruppi, uscendo dalla fabbrica, con un riso sfacciato e sprezzante, mi sembravano piú di me degne di rispetto. E non osando quasi piú uscire di casa, il grande giardino nella pompa autunnale mi vedeva vagare per ore come un'ombra. Mia madre!... Non le andavo incontro, non vivevo già un po' come lei?...

Un malessere, una spossatezza generale mi assalirono: un dubbio mi traversò un istante la mente: ch'io stessi di nuovo per divenir madre?

Il terrore onde fui investita mi diede una volta ancora la misura della mia miseria.

Oh, fuggire, fuggire!

Rinnovai a mio marito una domanda già respinta: mi lasciasse andare presso mio fratello, a Milano, per qualche settimana.

Quando ottenni il consenso, la paura di una nuova maternità era svanita. Mio marito aveva pure intuito il mio dubbio, e in pochi giorni la tensione tra noi si era fatta insostenibile. Ci lasciammo senza una parola: egli aveva un'aria di sfida minacciosa.

Di nuovo la città mi accolse. Era la città della mia fanciullezza, questa volta. Pur rinunciando a cercare per le strade e per i giardini la bimba di quindici anni innanzi, io mi sentivo circondare nelle mie ricognizioni da un'atmosfera famigliare: i viali immersi nella nebbia, le piazze dai contorni imprecisi, le file dei fanali, la sera, lungo il Naviglio deserto, mi mostravano la stessa fisionomia d'un tempo. Lí avevo ricevuto da mio padre la prima impronta intellettuale, lí avevo appreso il rispetto, quasi il culto per l'energia umana. Fin da bimba avevo sentito in modo confuso come nella città l'uomo dia una sfida incessante e superba alla natura per lui limitata e insufficiente. In verità, circoscrivendo in certo modo la sua prigione, l'uomo si sente tra le mura cittadine piú libero e possente che sotto l'infinito cielo stellato, che dinanzi al mare e alla montagna incuranti di lui: ciò spiega anche l'ostentazione del progresso che le metropoli offrono. Certo, qui come a Roma, come nel villaggio, quasi sempre il motivo dello sforzo era egoistico: gli esseri si premevano, correvano e sembravano indifferenti gli uni agli altri. Ma un sordo agitarsi di coscienze s'intuiva tra quella rete fitta e tumultuosa, nei grandi sobborghi operai, nelle scuole, nei comizi: coscienze che si orientavano verso una visione ancora confusa, che trovavano stimolo al lavoro in qualcosa di non tangibile, in un sentimento di reciprocità, di solidarietà col passato e coll'avvenire, in una vera estensione d'amore nello spazio e nel tempo. E alcuni uomini e alcune donne, con serena pazienza, promovevano quasi da soli tutta quella germinazione. Un'ideale corrispondenza era fra essi e la mia vecchia amica di Roma: già in lei avevo ammirato e invidiato il potere animatore e propulsore che una forte volontà altruistica può esercitare nella città moderna.

Andavo con mia sorella a visitare i luoghi ove s'iniziavano tentativi di riforma, ove s'abbozzavano gli schemi della convivenza umana avvenire, e osservavo trepidamente svilupparsi in lei il desiderio di pertecipare, fosse anche in minima parte, all'azione, e di non passare, ignara e sterile accanto alla vita. Dacché era arrivata a Milano, aveva condotto un'esistenza malinconica, troppo sola sempre e senza occupazioni. Il babbo viaggiava quasi sempre, malato d'instabilità, irrequieto e scontento. Nostro fratello s'era impiegato in una fabbrica e sperava poter arrivare presto a provveder da solo a sé e alla fanciulla: frequentava l'Università Popolare, leggeva molto, aveva alcuni compagni interessanti; ma capiva di trascurar un poco la sorellina. "Avrebbe bisogno d'una amica: che cosa posso fare io per lei?" Ella ascoltava, con i suoi grandi occhi dilatati: dolce fiore di giovinezza che oscillava in esaltamenti e depressioni per la mancanza appunto di uno stimolo continuo, vigoroso e tenero insieme. Temeva d'esser la vittima estrema dell'errore che aveva unito i nostri genitori, di portare il loro irrimediabile dissidio nel proprio carattere. Ripeteva: "Se ti avessi vicina un po' sovente!" E sembrava scrutarmi nell'anima, interrogare l'avvenire.

Con gioia e timore insieme rilevavo in lei quest'ansia dello spirito, principio veramente di una piú alta esistenza di cui avevo in parte la responsabilità. Avrebbe la vittoria coronato lo sforzo suo e del fratello? Entrambi mi rappresentavano l'uomo e la donna d'oggi alla soglia della vita, la loro tristezza e la loro speranza. Mentre l'una deve ancora spezzare vincoli esteriori ed interiori per conquistare la propria personalità, l'altro ha bisogno d'esser visto, d'esser guardato negli occhi da lei come da un'anima che sa e vuole. Avrebbe trovato ciascuno l'essere che poteva accompagnarlo nella vita partecipando a tutte le gioie e a tutti i dolori? In certi momenti mi dicevo che mi sarei ritenuta fortunata nella mia sventura se avessi potuto imbattermi, prima di morire, in qualche umana coppia perfetta. Ripensavo ai due giovani fidanzati intravisti il giorno della morte della mia amica, a Roma. Sí, qualcuna già poteva, doveva esistere, e rapidamente suscitarne altri esemplari intorno. Nella mia fantasia frattanto erano un tormentoso conforto alla squallida condizione in cui giaceva. E mi cantavano nella mente le parole che i poeti non dicevano ancora.

Intermezzo di vita. Mi sentivo alacre, volenterosa, forte. Tutto quanto avevo accumulato, nella mia anima durante i mesi di solitudine laggiú, balzava adesso in limpide formule. Quasi una purissima gioia di creazione m'invadeva quando consideravo dentro di me l'ideale di creature che non portassero piú nelle vene come me, come i miei fratelli e mio figlio, un sangue in perenne contesa; in cui un'unica volontà parlasse, nell'esempio e nel ricordo di genitori amanti e attivi, nella speranza d'una sempre maggiore serenità di vita.

Nel futuro, nel futuro. La certezza d'un tale avvenire mi si era andata formando inavvertitamente, forse dall'adolescenza, forse prima, quando l'atmosfera penosa della casa ove due cuori avevano cessato di comprendersi, mi aveva rivolta l'anima alle indagini appassionate. Come le aveva perseguite il mio temperamento logico ed assoluto, a traverso ogni ostacolo! A tratti, un senso di ammirazione quasi di estranea mi prendeva per il cammino da me percorso; avevo la rapida intuizione di significare qualcosa di raro nella storia del sentimento umano, d'essere tra i depositari d'una verità manifestantesi qua e là a dolorosi privilegiati... E, pensosa, mi chiedevo se sarei riuscita un giorno ad esprimere per la salvezza altrui una parola memorabile

# XXI

Mio marito mi ricevette alla stazione del paese con un certo impaccio: si occupò specialmente del figlio nel tragitto verso casa. A casa la domestica mi avvolse in uno sguardo trepidante che mi sorprese. Ma erano lí anche mia suocera e mia cognata; dovetti comporre il volto alla calma cortesia che usavo con loro, assistere alle feste ch'esse prodigavano al bimbo un po' restío, un po' annoiato. Osservavo mio marito e mi stupivo di trovarlo inverosimilmente invecchiato, con la traccia d'un guasto interno su la maschera pallida e contratta. Possibile che poche settimane soltanto fossero scorse dacché ci eravamo separati? Anni mi parevano: piú ancora: mi pareva di non avergli mai appartenuto, tanto lo sentivo lontano da me, estraneo.

Quando restammo soli, egli mi disse di una indisposizione avuta durante la mia assenza. Parlava abbondantemente e confusamente. Si trattava di cosa leggera, un ritorno diceva d'un'infezione avuta molti anni addietro, da soldato... Qualcosa mi balenò alla mente, come la confusa reminescenza di parole udite, quando? in città? dalla dottoressa? "Roba da nulla," egli ripeteva, "senza conseguenze." Aveva dovuto serbare l'immobilità per alcuni giorni: ora era guarito, ma il medico avrebbe voluto che continuasse a riposare, ciò che non era possibile.

La narrazione era intercalata da brevi soffocate bestemmie, espressione famigliare dei suoi rammarichi. Ascoltavo in silenzio, incapace di rendermi conto esatto della realtà. Egli si alzò, mi prese tra le braccia, con una esitanza quasi rispettosa che non gli conoscevo; cercava le mie labbra; istintivamente piegai il capo: egli mi posò la bocca a somma della fronte mormorando: "Sei buona tu... tanto buona... non ti merito..."

Coricati, il suo desiderio alitava caldo intorno alle mie membra... Una frase remota, il ricordo d'un sorriso amaro sul volto della dottoressa, un giorno, a Roma, mi lampeggiarono di nuovo alla mente. E un impeto indomabile, selvaggio, di difesa, m'invase. Egli desisté dopo un istante, ed io restai fremente a lungo come uscita da un bagno di fiamme.

Il dí dopo venne il medico d'un paese vicino; parlò di riposo, di cure, e se ne andò avvolgendomi in uno sguardo ambiguo.

Anche la domestica aveva uno strano modo di guardarmi, o piuttosto, di distogliere gli occhi dai miei. Infine si lasciò sfuggire che il padrone era stato in città alcuni giorni dopo la mia partenza, e che al ritorno si era ammalato. Benché non l'interrogassi, aggiunse: "Non mi fate dir altro..."

Non ce n'era bisogno. La fantasia mi tracciava ora una scena dai contorni sfuggenti: l'uomo che in un giorno d'irritazione andava a picchiare a una porta infame... Vedevo l'onta di colui presso i famigliari, la sua risoluzione di nascondermi tutto, i sotterfugi... Che cosa poteva in tutto questo sorprendermi? Nulla: come se un ritratto, alla cui esecuzione avessi assistito giorno per giorno, mi si mostrasse finalmente completo, perfetto.

E non gli dissi una parola: le mie labbra non

avrebbero potuto disserrarsi, anche se l'avessi voluto. Feci preparare in una camera accanto a quella del bimbo il letto per me, e la sera, prima ch'egli uscisse dal suo solito giro in fabbrica, lo avvertii. Egli impallidí un poco: ma forse era preparato, e mostrò non dar importanza al fatto: "Questione di giorni!" brontolò.

Un ribrezzo profondo mi dominava ogni volta che lo vedevo rientrare in casa. Egli manteneva un'aria di vittima infastidita e pareva non supporre in me nulla di nuovo. Si compiaceva nell'ascoltare ed esperimentare i consigli empirici di sua sorella. E allorché non si lagnava delle malattie che colpiscono chi men se l'aspetta, dava sfogo all'acredine contro i socialisti che tendevano in quei giorni a suscitargli uno sciopero. A volte, sorprendendomi seduta accanto al bimbo, con il capo appoggiato alla testolina di lui, intenta a leggergli una storia o a commentargli un'incisione, aveva una contrazione maligna delle labbra e non reprimeva qualche motteggio. Volevo fare un letterato anche di quel poverino?

Studiavo il piccino, adesso, e l'intimità dei nostri cuori pareva aumentare in quel destarsi della sua intelligenza, in quelle prime emozioni del pensiero. Mentre egli al tavolino faceva i suoi esercizi, io scrivevo o leggevo interrompendomi per rispondere alle sue domande. Passavano minuti di dolcezza e di pace. Poi, quand'egli mi lasciava per andare a giocare, un gelo m'invadeva.

Sfogliavo in quei giorni con una strana voluttà il *Giornale intimo* di Amiel. Fantasmi popolavano il mio studio, mi apparivano dinanzi fra le piante del giardino o in mezzo alle vie maestre o in riva la mare: mia madre giovane accanto alla culla delle mie sorelle, in atto d'accettare la sua sorte atroce; questo filosofo ammalato, curvo sulla sua scrivania ad esprimere il suo dolce pessimismo intessuto di lagrime e di ruggiti repressi; un famoso scrittore nostro, infine, una delle mie ammirazioni d'adolescente, a cui poco innanzi il figlio ventenne era morto, suicida, vittima forse del dissidio tra i genitori. Simboli sanguinosi della vanità del sacrificio, esempi terribili del castigo incombente su ogni coscienza che si rinnega.

Non ero io una di queste coscienze? Non mi era bastato il ragionamento e l'intima persuasione. Avevo continuato ad appartenere ad un uomo che disprezzavo e che non mi amava: in faccia al mondo portavo la maschera di moglie soddisfatta, in certo modo legittimando una ignobile schiavitú, santificando una mostruosa menzogna. Per mio figlio, per non correre il rischio d'esser privata di mio figlio.

Ed ora, ultima viltà che ha vinto tante donne, pensavo alla morte come ad una liberazione: mi riducevo anche a lasciare, per morire, mio figlio: non avevo il coraggio di perderlo per vivere.

E a tratti come un vento di follia m'investiva. La sera, dopo aver sopportato la conversazione dei parenti, se restavo sola di fronte all'uomo che mi avviliva coi suoi sguardi e i suoi tentativi di riconciliazione, mi lasciavo trarre a lanciar parole taglienti contro i lagni ch'egli esalava sulla crisi dell'industria e l'atteggiamento degli operai. La mia voce si faceva acuta, quasi smarrivo il significato delle mie parole. Allora, una vocina m'interrompeva d'improvviso: "Mamma!" e dopo un momento: "Vieni, mamma!" Mi riscotevo, mi recavo al buio nella stanzetta ov'era coricato il bimbo. Egli vedeva la mia ombra nel vano della porta: mi chiamava di nuovo piú sommesso: "Mamma!" E come mi sentiva presso il letticciuolo, traeva fuori le braccia, m'afferrava il collo, mi attirava il capo accanto al suo. In silenzio, mi passava una mano sugli occhi, sulle guance; sentivo il tremore delle dita tepide e morbide... Che voleva la cara anima? Accertarsi ch'io non piangevo, che il papà non mi faceva piangere... Mi gettavo traverso il letticciuolo e i singhiozzi montavano, infrenabili; li soffocavo nelle coltri, sentendo di nuovo la parola tremante: "Mamma!" e il mio viso era bagnato di lagrime mie, sue... Imploravo in cuore: "Perdono, perdono, figlio!" E a lungo restavo lí, china, senza parole, attendendo per il piccolo essere il sonno pietoso, per me l'atonía che segue la crisi.

Un giorno arrivò un telegramma che m'annunziava le condizioni disperate di un mio zio di Torino, fratello maggiore di mio padre, che mi aveva sempre dimostrato il suo affetto attraverso i tempi e le vicende, e piú volte mi aveva beneficata con doni e prestiti di danaro, nei tempi difficili di Roma specialmente. Egli era l'opposto di mio padre, con tutte le caratteristiche di borghese lavoratore, limitato nelle idee, ligio alle usanze, soddisfatto di sé, però profondamente buono. A lui riportavo tanti miei ricordi d'infanzia e, nonostante l'immenso divario di principî e di sentimenti, m'ero sempre commossa ad ogni incontro col caro vecchio, pingue, roseo e burbero, a cui una ventina di nipoti, figli de' vari fratelli e sorelle, facevano corona.

Sarei stata in tempo a rivederlo un'ultima volta? M'avrebbe riconosciuta?

Mio marito mi fece partire la sera stessa, dopo simulati tentennamenti, dandomi, riguardo al mio contegno verso il ricco zio e i parenti, delle raccomandazioni che mi gelarono ogni spontaneità. Cosí sempre la vita, dunque?

Al mattino, dopo l'eterno viaggio notturno. trovai ad attendermi sotto la tettoia fumosa mio padre e una sua sorella. Mi chiedevano del mio stato, mio padre si lagnava delle ferrovie, la zia rimproverava a lui di non avermi ancora baciata... Tanti anni che non sentivo le braccia paterne attorno al collo!

Lo zio era morto nella notte.

Era sparita una creatura del mio passato, forse la sola che avesse pensato a me come ad una pianta dell'antico ceppo. Avvertivo un vuoto, e insieme come un senso di liberazione... Cosí le nuove generazioni quando si staccano dalle vecchie soffrono e sognano.

Restai a Torino tre giorni. Attorno al cadavere alitavano le brame dei nipoti, eredi diretti, e quelle d'altri parenti innumerevoli. Mi sentivo sollevata quando il babbo mi traeva lungi dal lugubre spettacolo, a camminare con lui per le care tranquille vie della sua città nativa. Egli mi parlava un po' stancamente, e pareva che entrambi assistessimo ad un ritorno di tenerezza, con mite stupore, rassegnati a vederla ben presto dileguare. Eravamo ormai ben autonomi, il babbo ed io, ognuno nella propria strada errata! Non potevamo scambiarci lamenti o consigli, né supporre possibile un futuro aiuto vicendevole in un giorno di riscatto o di disastro; ci limitavamo ad ascoltare ciò che restava in noi dei comuni entusiasmi d'un tempo, ad osservare ciò che ancora avevamo d'identico negli istinti e nelle tendenze.

Fu lui a comunicarmi il contenuto del testamento: a me erano assegnate venticinquemila lire, a' miei fratelli solamente cinque. Perché? Ne provai un'amarezza fortissima, l'impulso subitaneo a dividere la mia parte con i meno favoriti. E una torbida sensazione di vergogna si mescolava a questo dispiacere: quasi venissi un poco diminuita ai miei occhi dalla possessione di quel denaro non guadagnato col mio lavoro, da quel privilegio, sia pur minimo, che ricevevo non solo sui miei consanguinei ma su tanti altri fratelli, proprietari unicamente d'un paio di braccia e di una volontà attiva.

Nondimeno, sormontata l'acuta e complessa contrarietà, non potei non pensare all'importanza pratica che il fatto assumeva per la mia vita. Io acquistavo l'indipendenza materiale: quella somma, poca cosa certo, sarebbe stata sufficiente però ad assicurare il sostentamento di mio figlio quand'io dovessi col lavoro provvedere a me stessa.

Una clausola del testamento disponeva che esso venisse eseguito solo sei mesi dopo.

Informai mio marito, annunziando il mio ritorno. Sentivo di poter essere ora più esigente di fronte a lui; avrei reclamato delle vacanze, dei viaggi; avrei potuto comperar libri per me e per il figlio, senza mendicare sempre il permesso...

Una bizzarra ipotesi s'affacciò tra quei vaghi progetti. Io avevo, in qualche parte della penisola, un amante; lo raggiungevo di tratto in tratto, mi dissetavo di gioia, di ebbrezza, indi rientravo nella casa triste a riprender il giogo che il mio cuore di madre non riusciva a rigettare. Non ingannavo nessuno, perché mio marito sapeva che lo disprezzavo. Soddisfacevo a un diritto del mio essere, accumulavo la forza di resistere, di sopportare...

Pazzia! Potevo ben lasciare la briglia alla fantasia, ma se non vedevo chiaro quello che avrei fatto, sapevo troppo lucidamente quello che non avrei fatto mai; avevo la sensazione che l'avvenire già esistesse dentro di me: una soluzione, facile o difficile, più o meno lontana, ma certa, quasi fatale.

Ero arrivata al mattino. Il bimbo giocava con le marionette, ed io lo assistevo, seduta con lui sul tappeto. Mio marito leggeva i giornali, taciturno; non ci eravamo scambiata ancora una parola.

Venne mia cognata, ilare, leziosa; attendeva da me delle notizie che non m'affrettavo a darle, e ad un certo punto non resistette: "Dunque, dunque, siamo ricchi, eh?"

Tenevo la testa china sulla baracca dei burattini,

non la sollevai. Il bimbo non aveva sentito, intento com'era allo spettacolo; ma la voce stridula continuava, coprendo le parole che suggerivo ai miei personaggi. "E il nostro caro figliolo ora ha una fortuna di piú! Ah, voglio vederlo padrone del paese, un giorno!"

I due cari occhi turchini mi fissarono, ora; dicevano: "Continua, mamma, non dar retta; io non ascolto che te; la mia vita me la fai tu sola..."

Avanti, sí. Ma alla notte, stavo per coricarmi affranta, quando l'uomo entrò nella mia camera. Dopo una lotta atroce, sola nel buio, invocai, una volta ancora, la morte.

Al mattino seguente lo dissi al bimbo, piano: "Forse morirò, sai? Ma tu non dovrai piangere, dovrai soltanto ricordarti..."

Morire!

Dentro il mio cervello mi pareva di sentire come un groppo, duro e pesante che si rimoveva, si sviluppava... E un pensiero vi si illuminò sinistramente. Anche *lui*, mio marito, avrebbe potuto *non esistere piú*... Gli esseri che si agitano intorno a noi muoiono. È come un alito: spariscono. E tutti gli altri uomini camminano, vi guardano in faccia, parlano e non lo nominano piú... È come se non fosse mai esistito...

Cosí poteva pure avvenire di me... Ma, e mio figlio?

Invece, ora, *dopo*... io e mio figlio, soli... Ecco; giravo per la casa, mia: nessuno! Uscivo in giardino, nella via... Ecco il mare, i paesi lontani. E in questo mondo immenso, liberi, liberi, io e mio figlio...

Era un sogno ad occhi aperti. Quando sentii la voce del bimbo che chiamava la domestica, trasalii. Mi stupii sopra tutto di non provare orrore di essermi raffigurata tutto ciò. Sentii aprire la porta del giardino; mio marito entrò; era il meriggio. Si avvicinò, mi parve che mi guardasse e tòrsi il viso. Mi occupai del bimbo per tutto il tempo del pasto, poi, soli un momento, mi rivolsi a lui: sentivo la mia faccia irrigidirsi:

"Dovrò chiudere la porta della mia stanza!"

Quegli diede un pugno sulla tavola. Poi fece alcune volte il giro per la sala, e si sedette fremendo.

"Fa' quello che vuoi!"

Si alzò di scatto ed uscí nel giardino. Ma subito rientrò vomitando un cumulo di parole infami. China, stringendomi il bimbo, accanto, continuavo macchinalmente a segnare col dito le linee del libro che leggeva. Interruppi le bestemmie guardandolo fermamente in faccia: gli dissi che c'era un solo rimedio, quello che avevo indicato un anno prima: separarci.

Quegli s'era fatto piú livido. Me ne andassi, me ne andassi, avrebbe ben trovato un'altra femmina al mio posto!

Calma, proseguii: "Sia pure. Ma non in presenza di mio figlio. Lo porterò con me, aspetterò in casa di mio padre che la legge regoli il nuovo stato di cose."

Egli era accanto alla vetrata del giardino: alzò un braccio, poi lo lasciò ricadere. Il suo volto era gonfio e livido.

"Il figlio?" proruppe. "Provati!"

La voce s'era elevata, doveva passar le portiere, giungere in istrada. Il corpicciuolo infantile accanto a me era scosso da un tremito, si avvinghiava al mio tra i singhiozzi repressi.

"E tu àlzati! Vieni con me in fabbrica, su!"

Subito, la vocina tremula oppose:

"Ho da fare il compito..."

I puri occhi turchini s'incontrarono con quelli del padre, torbidi, spaventosi: un momento di silenzio passò. Immobile, non percepivo piú che la pressione di una piccola mano un po' umida.

Sentii sbattere l'uscio, dei passi sulla ghiaia allontanarsi.

Soli in casa, nel pomeriggio fosco... Il bambino m'asciugava le lagrime lente, col suo gesto accorato; e mi chiedeva: "Che cosa voleva, che cosa aveva papà? Perché grida cosí, perché ti fa sempre piangere, mamma?"

"Devo andarmene, figliolo mio; vedi, devo partire..."

Che cosa balbettavo? Egli mi pose le mani sulle spalle, con tutta la violenza del suo piccolo essere in tumulto.

"Mamma, mamma, e io vengo con te, vero? dimmi, dimmi...? Non voglio restar qui col papà, non voglio lasciarti... non voglio, mamma! Mi porti via, di', via?..."

E mi cadde sul petto, rompendo in un pianto che mi penetrò nella carne, un pianto di uomo e di neonato, insieme, che pareva riassumere tutto il dolore del mondo... Figliuolo, figliuolo! Ti strinsi, piansi con te, cosí disperatamente, sentendomi fondere teco, come se ti raccogliessi nel mio grembo e ti lanciassi una seconda volta nella vita in uno spasimo infinito di sofferenza e di gioia, comprendendo la sovranità formidabile del legame nostro, eterno...

Scrissi a mio padre per prevenirlo. Poi riaprii il libro che già avevo consultato a Roma, l'anno avanti, tristamente. Chiaro e semplice il codice nei suoi versetti... Io lo conoscevo. Ma solo ora pensando a me stessa, e ch'ero io l'incatenata, che proprio su di me la legge era come la porta d'un carcere, ne sentivo tutta la mostruosità. È possibile? La legge diceva ch'io non esistevo. Non esistevo se non per essere defraudata di tutto quanto fosse mio, i miei beni, il mio lavoro, mio figlio!

Giorni di tensione spaventevole, in cui, pur non òsando ancora appigliarmi all'unica risoluzione, concentravo tutte le mie forze. Oh, non per difendermi dalla rabbia del mio aguzzino, ma per domare il mio spasimo materno al pensiero orrendo di poter essere priva di tutto il sorriso della mia vita! In alcune ore non sentivo in me neppure piú alcun impulso, né di rivolta, né di rassegnazione. Soltanto, ad ogni tratto, poche parole: "Tu non ami e non sei amata: siete due estranei. Non c'è che un dovere."

Poi: "Tu l'hai visto questo dovere."

E ancora: "O adesso o mai piú."

Era una voce implacabile. A Roma, un anno avanti, la fugace ribellione era stata piú che altro un impeto istintivo, che aveva sorpreso me stessa. Ma adesso, dopo l'annata di tormentosa e inflessibile meditazione, dopo la visione raccapricciante dell'abisso, era un comando cui dovevo obbedire, o morire.

Il caso, il destino, forse l'oscura logica delle cose aveva voluto che, finalmente, io fossi costretta a mostrare all'uomo di cui ero schiava tutto il mio orrore per il suo abbraccio. Dopo dieci anni. Miseria! Lo strappo furibondo alla catena non era avvenuto nelle lunghe ore in cui essa mi dilaniava l'anima: la carne era stata piú ribelle, aveva urlato, s'era svincolata; ad essa dovevo la mia liberazione.

Partire, partire per sempre. Non ricadere mai piú nella menzogna. Per mio figlio piú che per me! Soffrire tutto, la sua lontananza, il suo oblío, morire, ma non provar mai il disgusto di me stessa, non mentire al fanciullo, crescendolo, io, nel rispetto del mio disonore!

Mio figlio... Ma come poteva l'innocente venir condannato? Come poteva la legge volere che il povero bimbo rimanesse legato al padre, che fosse impedito a me di proteggerlo, di educarlo, di sviluppare in lui tutto ciò di cui avevo già formato la sua sostanza?

Questo era l'atroce dilemma. Se io partivo, egli sarebbe stato orfano, poiché certo mi verrebbe strappato. Se restavo? un esempio avvilente, per tutta la vita: sarebbe cresciuto anche lui tra il delitto e la pazzia.

Mi veniva accanto, il bimbo, m'accarezzava le tempie su cui principiavano alcuni capelli ad incanutire... Ed il grido del mio sangue trionfava per qualche momento: era mia quella creatura, io la volevo contro tutto; volevo serbarmi i suoi baci a costo della sua e della mia salvezza; non potevo, non potevo pensare ch'egli si sarebbe sviluppato, trasformato, senza che i miei occhi si confortassero del suo fiorire, e che la sua puerizia, la sua gioventú avrebbero sorriso ad altri e mai piú a me, forse!...

Una volta gli chiesi: "Piuttosto che restare qui solo col papà, andresti in collegio?"

Io stessa non avevo mai accolta l'idea della reclusione per la creaturina... Ma quando bisognasse scegliere?...

Il poverino disse di sí col capo... Impallidiva spesso, nel corso della giornata, al suono della mia voce. M'interrogava: "Che cosa ti scrive il nonno? Mi lascerà venire con te il papà a Milano?" Dubitava anch'egli, ora. Ma quando mi vedeva uscire smarrita dalle dispute col padre, o mi sorprendeva con lo sguardo fisso nel vuoto, dimenticava la pena sua per farmi coraggio, per dirmi che lui mi voleva tanto bene, che per lui sarei sempre esistita io sola, sempre, sempre...

"Mi ricorderai sempre, vero? Se morissi, se dovessi lasciarti..."

"Sí."

Non era assente l'anima sua mentre affermava di sí, tra le lagrime: non cercava in un misterioso labirinto il motivo del nostro dramma. Faceva a se stesso una promessa che, sepolta, un giorno risorgerebbe e lo illuminerebbe.

Quanto tempo in tale alternativa di lotta e di accasciamento? Due settimane, forse. In paese qualcosa era trapelato; indovinai che si credeva ch'io mi ribellassi per la malattia del marito, la quale pure era conosciuta e commentata. Era venuta la madre di lui, piangendo: "Povera donna, non sapete quante altre sono nel caso vostro... La tale, la tale altra..." E mia cognata: "Eh, si sa, debolezze. Fu quand'era soldato..." Ella appunto trattenne una sera il braccio del fratello in preda a parossismo: "Vuoi comprometterti? Non domanda che questo, lei..."

Ore di dibattito incoerente, esasperante. Ero esausta, avrei voluto piangere sommessamente come una bimba fino a chiuder gli occhi per sempre; non resistevo che per una forza segreta. Chiedevo di esser lasciata partire, di andare a consultar mio padre, di trovar un po' di requie: lontani, entrambi forse avremmo visto le cose sotto un punto di vista nuovo...

Essi, tutti d'accordo, negavano, negavano. Tratto tratto, mi si gettavano in viso l'esempio di mio padre, la sventura di mia madre, la mia mancanza di religione, le dicerie del passato...

Forse facevo paura, come in quei giorni lontani, ch'essi invocavano con acre malignità. In certi istanti sorprendevo perfino in fondo agli occhi di mio marito come una vaga espressione di stupore, quasi di rispetto: ed era dopo ch'io avevo parlato nel delirio della mia certezza interiore, trasportata oltre la vita... Allora la speranza mi balenava, mi riaffermava. Ah, se quell'uomo non mi fosse vissuto vanamente accanto dieci anni, se fosse capace di non far scontare al figlio il proprio danno! Non mi scongiurava di restare, anche solo per il bambino, per la sua educazione? Forse, quando avesse compreso l'impossibilità dell'esistenza in comune, avrebbe ceduto per amore di lui... Egli era ancor giovane, avrebbe potuto rifarsi una vita. Se il perdermi ora gli procurava veramente dolore, questo poteva essergli benefico, nobilitarlo...

Finalmente una sera egli accondiscese a che io andassi a Milano, per qualche tempo, ma senza il figlio. Appunto quel giorno mio padre m'aveva scritto di nuovo, promettendo d'interporsi del suo meglio per ottenermi il bambino, ed esortandomi intanto a partire anche sola, per troncare il pericoloso conflitto. Quando ebbi deliberato, mio marito principiò a stralunare gli occhi, ad emettere gemiti inarticolati. Gli andai vicino, lo scossi: mi guardò trasognato: era in preda ad un momento di smarrimento della ragione? O simulava? Gli feci a forza trangugiare un liquore, tornò lentamente in sé. Mi ringraziava: "Non lasciarmi, non lasciarmi! Ti amo tanto, vedi!" E mi afferrava le ginocchia. Continuò a scongiurare, come in preda a un leggero delirio. Tentavo parole di calma; quando cercò di attirarmi a sé, mormorando frasi tronche...

Come mi sentivo chiusa in me, estranea! E com'era vile colui, vile e illuso nella sua forza d'uomo! Egli voleva trattenermi col suo desiderio...

Rimasi rigida, dissi: "Partirò stanotte..."

Di nuovo padrone di sé, non lasciando trasparire l'onta, egli annuí. Sí, mi lascerebbe partire, ma il bambino no, il bambino restava con lui, e io da lontano avrei sentito che non potevo vivere senza la mia famiglia... E quando fossi tornata, avremmo stabilito la nuova regola d'esistenza.

Andò nella sua stanza. Io non dormii. Seduta accanto al letto del bimbo, non pensavo, non sentivo piú nulla: attendevo, che cosa non so: la luce, il tepore, qualcosa che mi facesse sentirmi viva. Avevo tanto bisogno di forza!

Oh quel respiro tranquillo che le notti seguenti non avrei piú ascoltato! Suonavano delle ore lontane: trasalivo. Ma com'erano lente quelle ore!... Forse mio padre m'avrebbe aiutata, anche colla violenza, a riavere il povero bimbo... L'avvenire mi si raffigurava pieno di enigmi, di agitazioni, di lotte. Nella mischia il viso di mio figlio mi riappariva. Nella strada, ad uno svolto ov'egli passava, io mi sarei affacciata d'improvviso, di tratto in tratto, ed egli sarebbe sempre stato in attesa della mia apparizione... Intanto gli uomini mutano, mutano le leggi. Una persona che sia un'idea vivente, un'ossessione, può persuadere i piú restii... E poi, la morte!

La morte! Un brivido, come in una notte lontana. Ma io avevo superato il desiderio della morte, anche di quella del mio nemico. Non l'odiavo. Egli non era piú che una larva confusa e cupa, che s'ergeva insieme allo spettacolo della legge nella notte indecifrabile del destino.

Accesi la lampada, la coprii. Un fruscío. "Mamma?" Mi slanciai sul lettuccio: pose la mano nella mia e si riaddormí. Rimasi senza muovermi, quasi senza respiro.

Mezzanotte. Mancavano tre ore. Le ginocchia mi si piegarono. Seduta sulla poltrona sentivo il freddo invadermi, e raccoglievo tutto il mio calore, gli occhi chiusi, ritirando la mia mano per non agghiacciare la manina. E d'un tratto sentii tutte le mie forze fondersi: mi assopivo? Ero tanto stanca: non avrei potuto partire...

Scoccarono le tre. Balzai in piedi. Mi misi il mantello e m'appressai all'uscio. Poi tornai al lettuccio, svegliai il bimbo: "Vado" gli dissi piano "è già l'ora: sii buono, sii buono, voglimi bene, io sarò sempre la tua mamma..." e lo baciai senza poter versare una lagrima, vacillando; e ascoltai la vocina sonnolenta che diceva: "Sí, sempre bene... Manda il nonno a prendermi, mamma... Star con te..." Si voltò verso il muro tranquillo. Allora, allora sentii che non sarei tornata, sentii che una forza fuori di me mi reggeva, e che andavo incontro al destino nuovo, e che tutto il dolore che mi attendeva non avrebbe superato quel dolore.

Mi trovai sul treno senza sapere come vi fossi venuta. I primi urti del carrozzone si ripercossero in me come se qualcosa si strappasse dalla mia carne. Il senso dell'ineluttabile m'invase ancora più quando mi vidi portata lontano su quella forza ferrea. Avevo camminato come una sonnambula. Ora la coscienza di quanto avevo compiuto mi appariva. Oh, la suprema agonia!

Come avevo potuto? Ora il mio bimbo, mio figlio, riaddormentato sotto il mio bacio, mi avrebbe chiamata, forse mi chiamava già... pensai che l'avevo ingannato. Non avrei dovuto svegliarlo del tutto, dirgli che non sarei mai più tornata, e che non sapevo s'egli avrebbe potuto raggiungermi presto? Forse mio marito era là, ora, presso il letticciuolo, e mentiva a sua volta dicendogli che sarei tornata fra poco, e il bimbo credeva, o lo interrogava con diffidenza... Che farà domani, e dopo? E tutta la mia vita d'ora innanzi sarebbe forse piena di queste interrogazioni senza risposta?...

Come avevo potuto? Oh, non ero stata una eroina! Ero il povero essere dal quale una mano di chirurgo ne svelle un altro per evitar la morte d'entrambi...

Quanto durò l'orribile viaggio? Ad ogni stazione m'afferrava la smania di scendere, di aspettare un treno che mi riportasse indietro: poi, quando la corsa riprendeva, mi balenava a tratti l'idea del suicidio, così facile, lì a quello sportello: istantaneo...

Ma all'arrivo la stessa volontà quasi estranea, superiore a me stessa, mi s'impose: mi avviai triste ma ferma, tra il fumo e la folla, fuor dalla stazione, m'inoltrai, misera e sperduta, nelle strade rumorose ove il sole sgombrava la nebbia.

## XXII

Molto tempo è passato. Un anno, ormai.

Non sono tornata laggiú. Non ho piú riveduto mio figlio. Il presentimento oscuro non falliva.

Per quanti mesi ho lottato conservando l'illusione di ottenere mio figlio?

I primi giorni mi furono quasi un riposo, sotto la sorveglianza silenziosa e trepida di mia sorella: poi, le settimane si susseguirono in uno scambio sempre piú violento di lettere tra me e mio marito, tra lui e mio padre, infine tra i nostri avvocati. In colui si palesava crescente la sorpresa per la mia resistenza: s'illudeva che avrei finito per tornare: non aveva egli per ostaggio il figlio?

E il bimbo, per mezzo della domestica, mi mandava dei bigliettini ove le sue dita incerte scrivevano parole d'amore e d'angoscia: "...Vorrei scappare, mamma, ma come fare? Qui mi dicono delle brutte cose di te... Io ti voglio tanto bene, non ti dimenticherò neanche fra cent'anni... Ma tu che fai? Non puoi mandare a prendermi?"

Nella stanzetta che abitavo provvisoriamente in casa di mia sorella, ed ove giungevano queste effusioni del piccolo cuore addolorato, le ore non si avvertivano piú: la notte, figgendo il capo e le mani fra le coltri, soffocavo il rantolo selvaggio... Chiamavo il bambino per nome, gli parlavo, gli parlavo... Poi, balzando in piedi, mi pareva d'esser decisa a partire, a raggiungerlo... Che importava farmi avvilire, calpestare, contaminare? Ma godere ancora della carezza, degli sguardi, degli abbracci palpitanti della mia creatura!

Che cosa mi tratteneva, con forza implacabile? Una voce dentro di me, quasi non mia, non del mio povero organismo sensibile, mi diceva che il passo da me fatto era irrevocabile, e che io non potevo piú mentire a me stessa; ch'io sarei morta di onta e di disgusto se non sapevo resistere allo strazio, se non preferivo morire!

Oh, quel comando interiore, terribile!

Per mesi, per mesi... Ero disposta alla morte colla stessa consapevolezza d'un malato inguaribile.

Sempre piú forte mi s'insinuava la persuasione che non avrei ottenuto mai nulla da colui, che la sua vendetta sarebbe stata inesorabile: dopo le minacce egli mi mandava ora parole beffarde: sapeva ch'io non potevo iniziare causa di separazione per mancanza di motivi legali. Mio padre, stanco, non interveniva piú; fin dal primo giorno, del resto, egli mi aveva detto di non sperare. Mi pervenne il rifiuto della autorizzazione maritale per riscuotere l'eredità di mio zio. Infine anche l'avvocato rinunziò ad ogni trattativa. Io restavo proprietà di quell'uomo, dovevo stimarmi fortunata ch'egli non mi facesse ricondurre colla forza. Questa era la legge.

La domestica, laggiú, venne cacciata, e cosí anche i bigliettini di mio figlio cessarono. Seppi che era stata presa una giovane istitutrice; le scrissi, non mi rispose.

Nessuno poteva far nulla per me.

Perché la morte tardava tanto?

O io ero morta di già e non sopravviveva di me che un ricordo?

Il tempo scorreva, fuggiva. Mio figlio non doveva

esser già piú quale l'avevo visto l'ultima sera, aveva forse già altre inflessioni nella voce, altra luce nello sguardo. Ma non riuscivo a vederlo diverso. La mia maternità s'era dunque chiusa veramente con quell'ultimo bacio?

Quando furono passati piú mesi, io considerai con uno strano stupore che vivevo ancora, che nulla di essenziale era veramente morto in me, e che d'ogni intorno, quasi occultamente, mille enigmi mi sollecitavano. Uscendo per la città posavo gli occhi sui bimbi che potevano ricordare il caro mio lontano, li tenevo fissi con insistenza, e talora un d'essi mi ricambiava l'occhiata con un'ombra d'inquietudine. Nessuno di quei piccoli sorridenti aveva bisogno di me. Ma qualche volta, il mattino fra la nebbia, o sull'imbrunire, piccole forme vaghe mi rasentavano, qualche vocetta lamentosa m'arrestava. Sotto la mia carezza, la faccina tribolata aveva un guizzo di gioia. Dove dormivano, come vivevano?... Traverso le preoccupazioni della mia nuova vita il pensiero di quei bimbi, di quelle mamme vaganti per i sobborghi, mi dava una sollecitudine tormentosa.

Un mattino, con mia sorella, entrai in uno dei dispensari per i piccoli malati poveri, istituiti da un gruppo femminile. Mi offersi come assistente di turno, due, tre volte la settimana.

Ma che sgomento, le prime volte! Ignoranza, sudiciume, fame, percosse, facevano di quella povera infanzia dei martiri tragici... Oh il mio bambino sano e bello! E credetti di non poter sopportare la sofferenza fisica di un tale spettacolo ripetentesi all'infinito...

Fu da allora che ho ripreso risolutamente a vivere; dopo aver sentito di nuovo *gli altri* vivere e soffrire.

E da allora ho anche avuto il bisogno di sperare di nuovo: per tutti, se non per me. E quando ho ritrovata intatta nella mia sostanza, nonostante il tragico sforzo compiuto, la fiducia in un migliore avvenire umano, oh figlio mio, ho potuto ancora versare lagrime di conforto!

E in una cameretta che affittai accanto ai miei cari, tra una corsa per le lezioni, che sono il mio solo mezzo di sussistenza, e una visita all'ospedale, mi sedevo al tavolino per scrivere delle pagine in cui rinnovavo gli appelli già lanciati alla società da ben altri ingegni, ma che io improntavo di lagrime e di sangue. I miei gridi erano ben atroci, poiché le riviste che prima mi sollecitavano, ora mi respingono; ma la giustizia non può venir soffocata, perché arde. Io non domando fama, domando ascolto. Dalla finestra, all'alba e al tramonto, scorgo le linee delle Alpi sulle nubi rosate: e spesso mi giunge la nenia di un corteo funebre avviato alla città dei morti. Guardando in faccia la vita e la morte, non le temo, forse le amo entrambe.

In cielo e in terra, un perenne passaggio. E tutto si sovrappone, si confonde, e una cosa sola, su tutto splende: la pace mia interiore, la mia sensazione costante d'essere *nell'ordine*, di potere in qualunque istante chiudere senza rimorso gli occhi per l'ultima volta.

In pace con me stessa.

Spero qualcosa? No. Forse domani può giungermi una nuova ragione di esistenza, posso conoscere altri aspetti della vita, e provare l'impressione d'una rinascita, d'un sorriso nuovo su tutte le cose. Ma non attendo nulla. Domani potrei anche morire... E l'ultimo spasimo di questa mia vita sarà stato quello di scrivere queste pagine.

Per lui.

Mio figlio, mio figlio! E suo padre forse lo crede felice! Egli arricchisce: gli darà balocchi, libri, precettori; lo circonderà di agi e di mollezze. Mio figlio mi dimenticherà o mi odierà.

Mi odii, ma non mi dimentichi!

E verrà educato al culto della legge, cosí utile a chi

è potente: amerà l'autorità e la tranquillità e il benessere... Quante volte afferro il suo ritratto, in cui le fattezze infantili mi par che ora annunzino negli occhi il mio
dolore, ora nell'arco delle labbra la durezza di suo padre! Ma egli è mio. Egli è mio, deve somigliarmi!
Strapparlo, stringerlo, chiuderlo in me!... E sparire io,
perché fosse tutto *me*!

Un giorno avrà vent'anni. Partirà, allora, alla ventura, a cercare sua madre? O avrà già un'altra immagine femminile in cuore? Non sentirà allora che le mie
braccia si tenderanno a lui nella lontananza, e che lo
chiamerò, lo chiamerò per nome?

O io forse non sarò piú... Non potrò piú raccon-
targli la mia vita, la storia della mia anima... e dirgli
che l'ho atteso per tanto tempo!

Ed è per questo che scrissi. Le mie parole lo rag-
giungeranno.

## Ultimi volumi pubblicati nell'"Universale Economica"

André Brink, *La polvere dei sogni*

Marguerite Duras, *La vita tranquilla*

Douglas Coupland, *Microservi*

Didier Daeninckx, *Il fattore fatale*

Gabriella Cella Al-Chamali, *Yoga-Ratna. Il gioiello dello yoga*

Paolo Di Stefano, *Baci da non ripetere*

Patrícia Melo, *Il matador*

Darian Leader, *Le promesse degli amanti*

Cristina Comencini, *Il cappotto del turco*

Ettore Tibaldi, *Uomini e bestie*. Il mondo salvato dagli animali

Clara Sereni, *Taccuino di un'ultimista*

Giovanni Pacchiano, *Di scuola si muore*

Günter Amendt, Patrick Walder, *Le nuove droghe*. Una guida critica

Franziska Stalmann, *Champagne e camomilla*

Alexandra Berger, Andrea Ketterer, *Perché limitarsi a sognare?* Tutto quello che le donne vorrebbero sapere sul corpo e sulla sessualità

Manuel Vázquez Montalbán, *Il fratellino*

Paul Watzlawick, *America, istruzioni per l'uso*

Charles Bukowski, *Quando eravamo giovani*. Poesie

John le Carré, *Il sarto di Panama*

Ingeborg Bachmann, *Il trentesimo anno*

Fanny Buitrago, *La signora del miele*

Paolo Crepet, *Soltitudini*. Memorie di assenze

Doris Lessing, *Sorriso africano*. Quattro visite nello Zimbabwe

Paco Ignacio Taibo I, *Pallide bandiere*. Prefazione di Pino Cacucci

Claudio Piersanti, *Luisa e il silenzio*

Isabella Santacroce, *Fluo*. Storie di giovani a Riccione

Philip K. Dick, *Se vi pare che questo mondo sia brutto*

Darwin Pastorin, *Le partite non finiscono mai*. Storie di calcio fuori dal campo

Maurizio Torrealta, *Ultimo*. Il Capitano che arrestò Totò Riina. Prefazione di Ilda Boccassini

*Stampa Grafica Sipiel*
*Milano, marzo 1999*